How to
survive till the end

끝까지
살아남기

제2권 | 뷰카 시대의 생존전략과 대응법

2

최길현, 이종건 지음

어떤 상황에서도 끝까지 살아남아야 한다.
무엇을, 어떻게 해야 하는가?

생각나눔

"결국 우리는 살아남아야 한다. 그러나 승자로 살아남지 않으면 의미가 없다."

– 노벨경제학상 수상자 사이먼 쿠즈네츠(1901~1985)

자본주의 경제체제에서 경쟁은 불가피하다. 개인도 기업도 경쟁을 통해서 성장하면서 세상을 변화시킨다. 경쟁 본능은 생존을 위한 것이다. 모든 생물이 생존과 번식을 위해 경쟁 본능을 발휘하듯 인간도 삶의 질과 경제적 자유를 얻기 위해 생존본능을 발휘한다. 특히 기업이 지배적인 역할을 하는 '기업의 시대'에서 기업은 생존하기 위해 치열한 경쟁을 한다. 이렇듯 생존은 곧 경쟁이다. 따라서 '생존전략'은 이 시대의 최대 화두다.

현대를 '뷰카(VUCA) 시대'라고 한다. 뷰카란 변동이 심하고 불확실하며, 복잡하고 모호함을 일컫는 군사용어다. 이제는 뷰카를 경영 용어로 사용할 만큼 현시대는 예측 불가능한 환경에 놓여 있다. 이런 환경에서 생존하기 위해 개인은 자신이 지닌 재능을 살리고 실패해도 절대 포기하지 않는 끈기를 지녀야 한다. 기업도 조직의 유연성을 높이고 혁신적인 아이디어를 끊임없이 창출해야 한다.

이 책은 기존의 책 『끝까지 살아남기』에 이은 두 번째 시리즈로 생존경쟁에서 개인과 기업가가 끝까지 살아남기 위해 무엇을, 어떻게 해야 하는지에 초점을 맞추었다. 그동안 신문, 잡지 등에 기고한 글과 기업현장에서 얻은 경험. 그리고 대학에서의 강의내용 및 문헌 자료 등을 토대로 독자들에게 전달하고픈 핵심사항을 세 개의 PART로 정리했다. 뷰카 시대에서 끝까지 살아남기 위한 스킬과 노하우, 전략과 대응책 등이 이 책의 주요 내용이다. 우리가 생존방식을 배워야 하는 이유는 간단하다. 이는 성공 이전에 자신감을 증가시키고, 남보다 더 많은 경제적 자유를 얻기 위함이다.

『끝까지 살아남기』라는 제목에 대해 "너무 절실한 느낌이 든다, 왜 그토록 끝까지 살아남기에 집착해야 하는가?"라는 질문을 받았다. 필자는 "절실해야 한다."라고 답했다. 자본주의 세상은 너무 많은 변곡점을 가지고 있어서 절실해야만 살아남을 수 있기 때문이다. 또 진정한 성공이란 한때의 부와 권력보다는 끝까지 살아남아 말년이 행복한 삶이어야 한다는 것을 절실히 깨달았기 때문이다. 이는 '짧고 굵게 살 것인가? 가늘고 길게 살 것인가?'와 같은 선택의 문제가 아니다. 현대는 생존이 위협받는 시대다. 이런 점에서 생존은 곧 성공을 의미한다.

모쪼록 이 책이 현대를 살아가는 사람들에게 경쟁에서 끝까지 살아남아 성공과 부를 얻는 활력소가 되기를 바란다. 그동안 항상 힘이 되어 준 가족, 오랜 친구들, 정신적 버팀목이 되어 준 소중한 분들, 늘 사랑과 지도편달을 아끼지 않았던 지인들께 이 자리를 빌려 특별히 감사드린다.

2023년 9월
최길현, 이종건

목차

프롤로그 ————————————————— 5

1부 세상을 보는 새의 눈을 가져라

생존이 우선이다   13

생존을 위한 생명체들의 전략   19

경쟁우위의 원천을 어디서 찾아야 할까?   28

거침없이 피봇팅, 그래야 살아남는다   34

건너뛰기 전략으로 치고 나가라   41

성공을 위해 필요한 세 개의 눈   51

높은 성과를 내는 비결   58

세일즈는 가치와 가치의 교환   64

돈, 뜨겁게 사랑하라   69

재무전략이 기업의 미래를 결정한다   76

제로 투 원을 추구하라   81

문제를 어떻게 해결할 것인가?   87

불황은 강해질 수 있는 기회다   92

스스로 답을 만들어라   98

2부 현장을 아는 곤충의 눈을 가져라

남이 모르는 틈새시장을 노려라   105

당신의 기업은 효율적인 조직인가?   110

비효율적인 회의 방식을 바꾸어라   115

80% 성과를 낼 수 있는 20%에 집중하라   120

민첩한 의사결정을 위한 우다루프 전략   125

리스킬링, 업스킬링, 크로스 스킬링 하라   132

제4차 산업혁명 시대의 인적자원관리   140

창의성을 창출하는 것은 개인인가? 팀인가?   145

갈등을 다이내믹한 혁신으로 승화시켜라   150

NIH 증후군에서 벗어나라   160

10개의 빨간 풍선을 찾아라   165

벤처기업의 성공 포인트   170

기업퇴출의 양면성   177

3부 흐름을 읽는 물고기의 눈을 가져라

성장의 한계 187

인구감소 시대의 기업의 대응전략 195

디지털 ABCD에 주목하라 200

포스트 코로나, 어떻게 대응해야 할까? 206

노쇠해지는 경제, 과감한 투자 정책이 시급하다 212

금리는 경제의 미래를 알려준다 218

리스크 관리를 어떻게 해야 할까? 229

경제적 사고와 기업가적 사고를 배양하라 234

성공한 기업가의 마인드셋 250

앙트레프레너와 생존 256

뷰카 시대에 대처하는 법 262

연결의 가치, 플랫폼 비즈니스에 주목하라 269

에필로그 ——————————— 277

1부

세상을 보는
새의 눈을 가져라

"약자는 죽고 강자는 살아남아 영원히 살 것이다"

– 유대인 소녀 작가 안네 프랑크(1929~1945)

생존이 우선이다

"결국, 중요한 것은 이것이다: 나는 살아남았다."

─ 스코틀랜드 작가 게일 허니먼(1972~)

시대와 함께 기업을 둘러싼 환경이 급변하고 있다. 업계에서는 이미 신구 기업이 충돌하기 시작했고 기존의 많은 기업이 신흥기업의 파괴자(Disruptor)로 대체되기 시작했다. 제조, 유통, 금융, 출판, 음악, 광고 등 기존 산업은 IT로 대변되는 디지털화 세례를 받고 산업 자체의 위기를 맞는 사례가 적지 않다. 그래서 잘 나가는 기업조차 앞으로 어떻게 될지 모르는 불확실성이 커지고 있다. 살아남는 것이 성공인 시대가 되고 있다.

지금 일어나고 있는 혁신의 파괴자에 의한 산업의 재편은 과거에 반복해온 파괴 역사의 되풀이지만, 그 변화의 속도가 너무나 빨라지고 있다는 데에 기업의 고민이 깊어지고 있다. 그 결과 시대나 환경의 변화에 대한 대응의 지연으로 많은 기업이 적자생존의 법칙에 따라 도태되고 있다. 특히 제4차 산업혁명의 급속한 진행으로 앞으로 승자와 패자 사이의 기업의 부침 현상은 더욱 심화될 것으로 예상된다. 이러한 환경 속에서 기업이 살아남기 위해서는 뭔가 다른 사고방식과 생존전략이 필요하다.

구체적으로 어떻게 해야 할까?

첫째, 인간 중심적인 사고를 해야 한다. 지금까지는 성과나 물질 중심적인 사고방식으로 임했다면 앞으로는 자사의 서비스가 사람들에게 어떤 가치를 제공하는지를 먼저 생각해야 한다. 풍요의 시대에 사람들의 기호는 갈수록 까다로워지고 있다. 많은 기업가가 차세대의 제품과 서비스를 개발할 때는 사람들에게 필요한 제품을 어떻게 적기에 잘 만들어 내느냐가 중요한 포인트다. 그러기 위해서는 '사람들이 정말로 원하는 것은 무엇인가? 왜 사람들은 그렇게 생각하는가? 사람들에게 가치 있는 일이란 무엇인가?'를 일상생활에서 늘 관찰해야 한다. 그렇게 하다 보면 본인이 의식하지 못했던 소비자의 요구나 욕구, 습관과 관점을 찾을 수가 있다. 그렇게 인간 중심으로 포커스를 맞춰 관찰하다 보면 혁신적인 제품을 내놓게 되어 기업은 오래 생존할 수가 있다. 대표적인 예로 IDEO 회사가 있다. IDEO는 디자인을 통해 문제를 해결하고 혁신을 창출하는 인간 중심의 접근방식으로 유명한 디자인 컨설팅 회사다. 고객과 사용자를 깊게 관찰하고 이해하는 것을 중요시하여 '인간 중심' 발상을 기반으로 창조적인 아이디어와 솔루션을 제시했다. IDEO의 디자인 방식은 다양한 산업 분야에서 적용되어 성공적인 제품과 서비스를 만드는 데 큰 역할을 했다.

둘째, 기업의 존재가치를 명확히 인식해야 한다. 모든 기업에는 각각의 존재가치가 있다. 기업은 제품이나 서비스를 제공하여 이익을 얻고, 경제활동을 하는 하나의 단위체다. 기업은 거기서 스스로의 존재가치를 찾아내어 사회를 형성하고 있다. 다시 말하면 사회가 필요로 해서 기업이 존재하는 것이다. 그런데 주변에서 보면 의외로 기업가 스스로가 존재가치를 망각하는 경향이 있다. 그런 기업은 결코 오래 생존할 수가 없다. 기업가 스스로가 자기가 하는 사업에 긍지를 갖지 못하고 존재가치를 모르는데 어떻게 그 기업이 잘 될 수가 있겠는가? 기업가가 자신의 존재가치를 알 수 없게 되는 때는 하는 일에 보람을 느끼지 못하거나 쓸모없다고 여길 때다. 이러한 감정은 지금 자신이 하는 일이 사회나 자신에게 플러스의 방향으로 일한다는 확신이 없기 때문에 생긴다. 그렇지만 기업의 활동에는 반드시 '상대'가 있다. 그 상대의 요구에 부응하기 위해 기업은 지혜를 짜고 노력을 하고 있는 것이다. "상대'에게 유익한 가치를 주고 싶다거나 '상대'에게 편리함을 제공하기 위해 무엇을 할 수 있을까?'라고 생각하면 하는 일이 즐겁고 진지해질 것이다. 일본의 기업가 마쓰시타 고노스케는 기업가는 사회발전을 위해 고용된 선수라고 주장하였다. 그러므로 기업가는 '자신이 하는 일이 과연 의미가 있는 것일까?'라고 네거티브로 생각하지 말고 자신의 일로 누군가에게 가치를 제공하고 이 사회에 플러스를 가져온다고 긍정적으로 생각해야 한다.

셋째, 디지털화의 흐름을 놓치면 안 된다. 컴퓨터가 일상화된 사회에서는 모든 것이 연결되고 시공간을 자유자재로 넘나들고 있다. 우리 사회에는 AI, 사물인터넷, 빅데이터, 로보틱스 등의 테크놀로지가 기존의 업무를 큰 폭으로 효율화하고 있고, 이러한 디지털화의 속도는 더욱 가속화될 것이다. 이 역동적인 현상은 기존의 이론으로는 설명하기 어렵다. 지금까지 당연하게 여겨지던 것이 당연하지 않게 되는 시대가 되고 있다. 많은 기업이 디지털화의 급속한 진행으로 불안감과 정체감을 감추지 못하는 까닭도 여기에 있다. 따라서 기업가는 디지털화의 변화에 적응하면서 거기에 맞는 비즈니스 모델을 끊임없이 만들어 내야 한다. 예를 들면 기업이 만드는 제품마다 독립적이 아니라 디지털로 접목하여 서로 연결되도록 해야 한다. 좀 더 쉽고 간편하면서 저렴하게 만드는 것이 그 핵심 요체다. 이를 위해서는 기업 내부의 조직문화와 인력관리, 비즈니스 프로세스 등도 디지털화에 맞춰 변화해야 한다. 아마존은 고객이 가장 간단하게 쇼핑을 할 수 있는 방법은 무엇인가? 라는 발상에서 만들어진 유연한 비즈니스 모델로 세계에서 가장 높은 시가총액을 자랑하고 있다. 여기에 머물지 않고 디지털을 기반으로 한 자동차, 의료사업 등 다양한 분야까지 사업영역을 넓혀가고 있다.

생존이란 낯선 물에서 헤엄치는 능력과 같다. 사람은 물에 빠져서 익사하는 것이 아니라 거기에 머물면서 익사하는 것이다. 살아남는다는 것은 결코 우연일 수 없다. 기적을 기대해서도 안 된다. 남보다 더 노력하고 남과 다르게 행동해야 한다. 사람마다 다소 차이는 있겠지만, 사람은 생각하기 위해 사는 것이 아니라, 살아남기 위해 생각한다. 이 시대는 생존이 우선이다. 그래야 후일을 도모할 수 있다. 노벨 문학상을 받은 영국 시인 T.S 엘리엇은 '생존은 당신의 부끄러움이 아니라 당신의 힘'이라고 말했다. 생존한다는 것은 그만큼 정체되지 않고 계속 나아간다는 것을 의미한다. 그러므로 앞으로 나아가는 것이 생존의 유일한 길이다. 미국의 소설가 헤밍웨이는 명성은 세상 사람들이 한동안 우리를 믿어주는 것에 불과하다고 충고하고 있다. 명성을 얻지 못했다고 하더라도 건전한 생존이면 그 자체로 성공한 것이다. 그렇게 되기 위해서는 많은 어려움에도 불구하고 생존을 위한 인간 중심적인 사고, 존재가치에 대한 인식, 디지털 변화에의 대응력을 갖추어 나가야 한다.

만일 당신의 삶과 당신이 사랑하는 사람의 삶이 당신에게 달려있다고 생각해 보라. 그러면 어떠한 상황이 와도 할 수 있다는 강한 믿음을 갖게 되고 언제나 뭔가 새로운 것을 할 수가 있을 것이다.

생존을 위한 생명체들의 전략

"살아남은 것은 공룡이 아니라 호박벌과 나비였다."

— 미국의 작가 메리델 르 수에르(1900~1996)

지구 상에는 동물, 식물, 미생물에 이르기까지 수많은 유기체가 살아가고 있다. 과학자들은 40억 년 전 원시 지구 상에 처음 생명체가 탄생했다고 말한다. 40억 년의 지구의 진화과정을 보면 오늘날까지 존재하는 종들도 있고, 이미 멸종한 종도 있다. 이들은 모두 지구의 환경 변화에 따라 서로 다른 방식으로 적응하여 진화하거나 퇴화했다. 생물학자 찰스 다윈은 『진화론』에서 한 가지 종이 가지고 있는 정보가 그대로 다음 세대에 전수되는 것이 아니라 변화들이 발생하고, 특히 생존에 유리한 변화들은 계속 전수된다고 주장했다. 이런 변화는 결국 생존을 위한 것이다. 그러나 생존에 필요한 에너지나 자원은 매우 제한적이다. 다윈은 이 때문에 여러 종 사이에서 경쟁이 발생할 수밖에 없고, 경쟁에서 이긴 종만 살아남게 된다고 주장했다.

미국의 기술 기업인 휴렛팩커드(HP)의 여성 CEO로 활약했던 피오리나(Fiorina)의 경영철학도 다윈의 적자생존 이론에서 비롯되었다. 그녀는 "살아남는 종은 힘세고 똑똑한 종이 아니다. 현실에 타협하는 종이다. 기업도 마찬가지다. 기업이 살아남기 위해서는 다윈의 적자생존 철학을 공부해야 한다. 타협과 생존의 철학을 그에게 배워야 한다. 혁신이란 바로 적응이다."라고 강조했다. 그녀는 강력한 리더십과 탁월한 경영전략으로 HP의 발전에 큰 역할을 했다.

그렇지만 어떤 종류의 승자라고 할지라도 연승에 연승을 거듭하는 생명체는 흔하지 않다. 지구는 고요하지 않았다. 빙하기가 있었고, 잦은 화산폭발과 해일 등이 발생했다. 온갖 위기가 찾아올 때마다 생명체의 멸망을 막는 것은 번영을 구가하던 생명체가 아니라 변화를 받아들이고 적응하며 살아남기 위한 변신전략을 거듭한 생명체들이었다. 약하더라도 살아남는 생명체가 승자다. 아무리 강한 자라고 하더라도 도태하거나 사라지는 것이 자연 생태계다. 오늘날까지 살아남은 생명체들의 생존전략은 과연 무엇이었을까? 다음에서 생물학자들의 주장을 통해서 이를 소개해 보고자 한다.

1. 회피전략

생명체가 경쟁에서 살아남기 위해 개발한 전략은 '싸우지 않는' 전략이다. 싸우지 않으려면 경쟁을 피하거나 도피해야 한다. 적이 쫓아오지 못하는 곳으로 빠르게 이동하거나, 하늘로 탈출할 수 있는 특화된 전략이 필요하다. 예컨대 바실리스크 도마뱀은 육지 생물의 공격을 받으면 쉽게 쫓아올 수 없는 물 위에서 초당 20걸음의 놀라운 속도로 달린다. 헤엄도 굉장히 잘 칠뿐더러 오랜 잠수도 가능하다. 소과에 속하는 톰슨가젤의 경우 최대 시속 80km까지 달린다. 가젤의 천적은 가젤보다 더 빠른 치타다. 그래서 가젤은 치타보다 민첩하게 근처의 위험을 감지하고 적극적으로 피할 방법을 찾아야 한다. 가젤은 직선 속도로는 치타와 경쟁할 수 없어, 지그재그로 움직이며 치타의 추격을 피한다. 지그재그로 달리면 치타의 눈을 속일 수 있고, 치타가 가속할 때 각도를 조절하여 속도를 늦추거나 방향을 바꾼다. 새들 역시 천적인 육식 동물이 따라갈 수 없는 하늘로 탈출하는 전략을 구사한다. 특히 비둘기는 기상 조건을 활용하여 높은 곳으로 날아오르거나, 갑작스럽게 돌진하거나 급강하하면서 경로를 바꿔 육식 동물의 추적을 피한다.

2. 속임수 전략

속임수 전략은 적의 눈을 속여 상대의 행동을 인식하지 못하게 하는 생존전략으로 자연계에서 많이 사용된다. 동물들이 색깔, 패턴, 동작, 냄새 등을 이용하여 적의 시각, 후각, 청각을 속인다. 스스로 자연과 동화되어 적의 표적으로 인식되지 않도록 하는 것이다. 스틱 곤충과 얼룩말, 점박이 개구리 등이 이 전략을 사용한다. 스틱 곤충은 몸이 가늘고 길며, 주변 환경과 색깔이 유사하다. 스틱 곤충은 자신의 몸을 식물의 가지와 유사하게 위장하여 포식자의 눈을 피한다. 만약 새 또는 다른 육식 동물이 스틱 곤충의 다리를 붙잡으면 사지까지 물리고도 털갈이할 때 잘린 다리를 다시 생성한다. 얼룩말은 검은 바탕에 흰 줄무늬가 있는데, 이것은 자연환경에서 발생하는 패턴과 색상을 활용한 위장 전략에 속한다. 얼룩말의 몸에 있는 검은색과 흰색 줄무늬가 얼룩말의 움직임을 감지하지 못하도록 하는 것이다. 점박이 개구리는 천적으로부터 위협을 받으면 몸의 색깔과 패턴을 주변 환경에 맞게 바꾸어

적의 먹이가 아닌 것처럼 속인다. 이런 '위장 전략(Camouflage Strategy)'은 동물들이 생태계에서 살아남는 데 있어서 중요한 전략이다. 동물들은 천적의 눈을 속이거나 눈에 띄지 않게 함으로써 자신을 잘 숨겨서 살아남게 된다.

3. 바꾸기 전략

이 전략은 생물의 생존과 번식에 대한 경쟁적인 압력이 자연적으로 발생했을 때 적응하기 위해 사용한다. 활동의 시간, 장소, 번식의 시간을 바꾸는 전략이다. 경쟁자가 잠자는 시간에 활동하여 접촉을 줄이거나, 먹이 찾는 활동시간을 변경한다. 또한, 번식의 시기를 조절하기도 한다. 라이벌과 따로 살면서 영토 갈등을 줄이고 자손을 많이 남길 수 있다. 이 전략은 생물의 생존과 번식에 영향을 미치는 매우 중요한 전략으로, 가장 잘 적응한 개체가 더 많이 번식하고 생존할 가능성이 크다.

바꾸기 전략을 사용하는 유기체는 매우 다양하다. 민들레, 모로코 도마뱀과 너구리가 이 전략을 사용한다. 민들레는 환경 변화에 대한 적응력이 높은 식물 중 하나로 다른 꽃들이 피는 봄 중반을 피하여 이른 봄에 꽃을 피운다. 바람에 의해 씨앗이 멀리 날아가서 다양한 환경에서 살아남을 수 있도록 꽃가루를 효율적으로 운반하면서 자손을 남긴다. 모로코 도마뱀은 천적이 거의 없는 광야와 사막에 산다. 건조한 환경에서 오래 살아남기 위해 몸에 물을 보존하기 위한 전략을 사용한다. 모로코 도마뱀은 신체 표면에 홈이 있어 이 홈에 물이 모이게 되면 모세관 작용에 의해 몸에 부착된 물을 입으로 모이게 하여 물을 보존한다. 우리가 잘 아는 너구리는 야행성 동물이다. 너구리가 밤에 활동하는 이유는 밤이 더욱 효율적으로 먹이를 잡을 수 있는 유리한 환경이기 때문이다. 야생에서는 다양한 동물들이 서로 경쟁하는 것이 일상이기 때문에, 너구리는 더욱 효율적으로 먹이를 잡기 위해 밤에 활동하고, 어둠을 이용해 적극적으로 먹이를 찾는다.

4. 무리 짓기 전략

무리 짓기 전략은 많은 동물이 사용하는 전략이다. 자신의 안전을 위해 무리를 지어 다니거나, 무리 속에서 행동함으로써 적으로부터 보호받으려는 것이다. 무리에서 낙오된 동물은 천적의 타깃이 되기 쉽지만, 무리를 이루고 있는 경우에는 천적이 나타나도 다른 일원들로부터 위험경보를 받기가 쉬워져, 개인의 위험도를 낮출 수 있다. 또한, 떼로 모여서 방어 태세를 갖추고 있으면 사자 같은 포식자들이 함부로 덤비지 못한다. 행여 쫓기는 상황이 되더라도 집중력이 분산되기 때문에 생존율을 높일 수가 있다. 반대로 포식자의 경우에는 무리를 이루면 사냥에 성공할 확률이 커진다. 늑대가 집단으로 다니는 이유는 여러 마리가 있어야 전략적인 사냥이 가능하기 때문이다. 사자 역시 아무리 아프리카 최고의 맹수라고 하지만 혼자 다니면 초식동물한테도 손 한번 못 뻗치고 역전패당하기 쉽기 때문에 무리를 이루어서 다닌다. 정어리는 떼를 지어 다니며 자신을 더 크게 보이게 하여 적으로부터의 공격을 피한다. 이처럼 생명체들이 떼 지어 다니면 표적이 될 확률이 줄어들어 먹이와 번식이 더 쉬워진다.

5. r/K 전략

r/K 전략은 생물의 번식 전략을 설명하는 데 사용되는 개념이다. 1967년 미국 프린스턴대 생물학 교수였던 로버트 맥아더(Robert H. MacArthur), 하버드대 생물학 교수였던 에드워드 윌슨(Edward O. Wilson), 텍사스대학 생물학 교수인 에릭 피앙카(Eric Pianka)가 연구결과로 만든 용어다. r-선택전략은 많은 후손을 낳고, 이들이 생존하기 위한 자원을 경쟁적으로 사용하는 전략으로 환경이 불안정하거나 자원이 풍부한 경우에 유리하다. 즉, 불안정한 서식환경에서 개체 수를 많이 늘려 자손을 번식시키는 생존전략이다. 마치 인해전술처럼 자손을 널

리 퍼뜨리기 위해 알이나 새끼 수를 많이 늘리는 것이다. 그 이유는 불안정하거나 예측할 수 없는 환경에서는 빠른 번식 능력으로 인해 r-선택 종이 우세하기 때문이다. 'r'의 선택된 형질을 나타내는 유기체로는 박테리아가 대표적이다. 반면에 K-선택전략은 후손을 적게 낳고, 이들이 생존하기 위해 더 많은 보호와 도움이 필요한 전략으로 환경이 안정적이거나 자원이 제한된 경우에 유리하다. K-선택전략을 따르는 생물은 자원이 풍부한 경우에도 그 자원을 보호하고 유지하는 것을 중요하게 생각한다. 즉, 예측 가능한 안정된 환경에서 개체 수가 환경수용능력에 가깝도록 증가시켜 쉽게 죽지 않고 경쟁력이 강한 소수의 개체 수를 선택하는 전략이다. 그 이유는 개체 수가 매우 일정하고 환경이 견딜 수 있는 최댓값에 가까워 K-선택 종이 우세하기 때문이다. K-선택의 특성으로는 큰 몸집, 긴 기대 수명, 적은 수의 자손 생산 등을 들 수 있다. 그 특성을 가진 유기체로는 코끼리, 인간, 고래와 같은 큰 생명체뿐만 아니라 북극 제비갈매기, 앵무새, 독수리와 같이 더 작지만 수명이 긴 유기체가 포함된다.

이외에 포식자가 공격하지 못하게 하는 전략이 있다. 호랑나비와 개구리는 자신을 다른 동물이나 위험한 동물처럼 보이게 하여 공격받을 가능성을 줄인다. 페타 애벌레 호랑나비 유충은 머리에 큰 안구가 있어 새를 놀라게 하여 잡아먹힐 가능성을 적게 한다. 소라 개구리는 밝은 파란색과 빨간색과 같은 위험한 색상을 가진 독이 강한 개구리인 것처럼 눈에 띄도록 천적에게 경고 색상을 보내어 접근을 방지한다. 이렇게 하여 오랜 기간에 걸쳐 포식자의 유전자 모두에게 이 생물에 접근하면 위험하다는 것을 각인시켜 왔다.

동물의 왕국을 보면 생존하는 열쇠 중 하나는 적보다 한 수 앞서는 것이다. 그리고 육식 동물에 둘러싸여 있을 때 가장 좋은 전략 중 하나는 배경 속으로 사라지는 것이다. 이처럼 동물이나 식물, 심지어 미생물에 가까운 코로나바이러스조차 살아남기 위해 고유전략을 선택하고 자연환경에 적응하며 변이를 거듭한다. 사막에 있든 경기장에 있든 생존의 규칙은 변하지 않는다. 경쟁이 치열하다고 하지만 경쟁하지 않고 피하거나 숨어서 살아가는 생명체들이 있는가 하면, 경쟁 속에서 변화에 적응하며 살아남는 생명체들이 있다. 하물며 고도의 지능을 지닌 인간이 대내외 환경이 어렵고 위기라고 해서 살아남지 못할 이유는 없다. 생존은 그 자체만으로 충분한 승리다.

경쟁우위의 원천을 어디서 찾아야 할까?

"경쟁우위를 확립하는 방법은 두 가지뿐이다. 남들보다 더 잘하는 것과 다르게 하는 것."

— 독일의 최대 슈퍼마켓 '알디'의 창업자 칼 알브레히트(1920~2014)

기업이 경영을 안정화하고 지속적인 이익을 얻을 수 있는 구조를 확립하기 위해서는 경쟁업체가 모방할 수 없는 경쟁의 우위성을 확보해야 한다. 만일 어떤 기업이 업계 평균 이상의 수익률을 내어 꾸준히 시장점유율을 확보하고 있다면 그 기업은 경쟁우위(Competitive Edge)가 있다고 할 수 있다.

경쟁전략 이론에서 경쟁력이란 바로 경쟁우위를 뜻한다. 경쟁우위는 단순히 경쟁상대에 대한 비용 우위나 차별화 우위가 아니다. 경쟁우위는 고객이 차별화에 의한 그 기업의 제품에서 더 큰 가치를 찾아내는 것을 의미한다. 그러기 위해서는 기업은 일시적인 것이 아니라 지속적으로 경쟁상대가 모방할 수 없는 진입장벽을 높여가야 한다. 최근에는 라이프 사이클 기간의 급속한 단축화 경향으로 경쟁우위의 지속기간도 짧아지는 추세에 있다.

그렇다면 기업의 경쟁우위를 가져오는 요인을 어디에서 찾을 것인가?

이를 두고 학자에 따라 두 가지의 입장이 존재한다. 하나는 밖의 관점을 강조하는 '외부 요인' 중시와 또 다른 하나는 기업 안에서 찾는 '내부 요인' 중시다. '외부 요인' 중시의 입장은 기업성공에 중요한 경쟁우위의 원천을 기업 외부, 즉 외부환경에서 찾고 있다. 반면에 '내부 요인' 중시의 입장은 조직능력, 경영자원 등 기업 내부의 보유자원을 핵심요소로 삼고 있다.

'외부 요인' 중시의 연구는 하버드대 교수인 마이클 포터가 대표적이다. 그가 제시한 경쟁우위, 산업구조 분석, 5가지 경쟁요인, 본원적 전략, 전략적 포지셔닝, 가치사슬, 국가경쟁력 등의 화두는 전략 분야를 넘어 경영학 전반에 새로운 지평을 열었다는 평가를 받고 있다. '현대 전략경영의 아버지'라고 불릴 정도로 마이클 포터의 연구는 학계 및 실무에서 엄청난 영향력을 미치고 있으며, 지금까지 계속되고 있다.

그는 산업 내에서 경쟁하는 기업이 어떻게 경쟁우위를 바탕으로 경쟁전략을 만들어 내는지에 초점을 맞추고 있다. 그는 산업구조에서 발생하는 우위성, 산업 내의 다양성에서 생기는 우위성을 확보하려면 기업목표를 달성하는 데 편리한 환경을 만드는 것이 전략상 중요하다고 강조한다. 예컨대, 어떤 기업이 산업 내에서 경쟁우위를 가지려면 다른 기업보다 차별화된 품질이나 브랜드를 갖거나 한정된 부분에 집중하여 월등한 성과를 내야 한다고 주장한다. 마이클 포터의 이러한 주장은 1970년대 말부터 1980년대 중순까지 거의 표준적인 경쟁우위 전략으로 여겨졌다.

그러나 경쟁 환경에서 얼마나 유리한 지위를 차지하는가를 경쟁우위의 원천으로 생각하는 마이클 포터의 전략과는 달리 1980년대 후반부터 '밖'의 관점 대신 '안'의 시점을 강조하는 '내부 요인' 중시의 이론들이 나오기 시작했다. 그 대표적인 이론이 '자원 기반 관점(Resource-Based View: RBV)'이다. RBV는 기업의 경쟁우위를 결정짓는 핵심요소를 그 기업이 속한 산업의 호황이나 불황, 산업의 매력도 등 외부의 환경요인이 아니라 개별기업 내부의 고유한 자원과 역량에서 찾고 있다.

만일 어떤 기업이 조직 고유의 뛰어난 자원과 역량을 획득하고 있으면 그 기업은 경쟁우위를 갖게 된다는 것이다. 스포츠에 비유하자면 외부상대가 누구든 열심히 훈련한 대로 자신의 역량을 충분히 발휘하면 이길 수 있다는 것이 RBV의 관점이다. 여기서 자원은 재무자산, 설비, 상표, 기술적 지식, 마케팅 노하우, 조직운영과정 등과 같이 회사가 보유하고 있는 유·무형자산을 지칭하며 역량이란 자신의 자원을 통합하여 이를 효과적으로 관리, 활용하고 확장하는 능력을 말한다. 초기의 RBV 연구에서는 어떤 자원이 경쟁우위 획득에 유효할지가 논의되었다. 그중 '현대적인 자원기반이론의 창시자'로 불리는 유타대학교 제이 바니(Jay Barney) 교수는 경쟁우위를 갖기 위한 중요한 자원의 조건으로 다음 4가지를 들고 있다.

1) 내부의 보유가치(Value)
2) 보유한 자산의 희소성(Rarity)
3) 모방 불가능성의 정도(Inimitability)
4) 조직(Organization)

이 영문 이니셜을 따서 'VRIO 모델' 또는 'VRIO 프레임워크'로 부른다. 이 네 가지 자원을 가지고 있으면 그 기업은 지속적인 경쟁우위를 누릴 수 있다고 설명한다.

이처럼 기업의 경쟁우위의 원천을 '밖'에서 찾을 것인가, 아니면 '안'에서 찾을 것인가를 두고 많은 주장이 있지만, 어느 것이 옳고 좋은지는 단정하기 어렵다. '밖'을 중시하는 포터의 전략론과 '안'을 중시하는, 즉 기업 내부의 자원과 역량을 경쟁우위의 원천으로 보는 RBV의 주장은 나름대로 타당성과 전략적 의의를 지니고 있다. 그러나 외부에서 일어나는 일은 통제할 수는 없지만, 내부에서 일어나는 일은 언제든지 통제할 수 있다. 성공한 다수기업의 사례와 역사적 경험에 비추어 볼 때 필자는 RBV에 더 역점을 둘 것을 권유한다. 그 이유는 외부환경이란 하도 변화무쌍해서 어떻게 변하게 될지 모르는 통제 불가능한 요소가 많은 반면, 내부는 뿌리 깊은 나무가 바람에 잘 견디어내듯이 예측과 통제가 가능해 기업가 능력과 리더십에 따라 얼마든지 자원과 역량을 키울 수 있기 때문이다.

그렇지만 양자의 시각이 어떻든 기업이 어렵고, 매출실적이 잘 오르지 않을 때는 기업이 처한 상황에 따라 각기 다른 처방을 쓰듯이 기업의 외적 환경과 자사가 가진 자원과 역량을 서로 잘 조합시킨다면 그 기업은 지속적인 경쟁우위를 가질 수 있을 것이다. 최근에는 이 양자의 결함을 보완한 '동적 역량(Dynamic Capabilities)'론이 세계 경영학 연구자 사이에서 자주 언급되고 있다. 이를 주창한 버클리 캘리포니아 대학교 데이비드 티스(David Teece) 교수는 동적 역량이란 '빠르게 변화하는 환경에 대처하기 위해 내부 및 외부 역량을 통합, 구축, 재구성하는 회사의 능력'으로 정의했다. 그런 점에서 어떻게 대응하는 것이 경쟁우위를 지속할 수 있을 것인지 기업가의 현명한 전략적 대응이 절실히 요구된다.

거침없이 피봇팅, 그래야 살아남는다

"태양을 향해 얼굴을 돌리면 그림자는 당신의 뒤로 드리울 것이다."

– 뉴질랜드 마오리 속담

휴대전화 장치에서 세계 최대의 시장점유율을 자랑했던 핀란드의 노키아는 1865년 설립 이래 시류에 따라 주력사업을 자주 변경해 왔다. 처음엔 제지회사로 출발했다. 그 뒤 케이블, 종이 제품, 고무장화, 타이어, 텔레비전과 휴대전화를 포함한 다양한 산업 분야로 진출하였다. 그러다가 1990년대에 불필요한 사업부들을 전부 매각하고 통신장비 사업에 자원을 집중하였다. 휴대전화 부문의 급속한 성공으로 노키아는 1998년까지 세계에서 가장 많이 팔리는 휴대전화 브랜드가 되었다. 그러나 2010년대에 들어서 폭풍처럼 몰아닥친 스마트폰 혁명을 폄하하며 안일하게 대응하다가 매출과 점유율이 폭락하였고, 결국 해당 기업 부문 자체가 사라졌다. 이 과정이 불과 10년도 걸리지 않았다. 노키아의 실패는 "1등이라고 하더라도 시대의 흐름을 거부하면 결국 망하게 된다."는 것과 "영원한 1등은 없다."라는 교훈을 보여주는 상징적인 사건이었다.

노키아의 사례처럼 주력사업을 바꾸는 것을 피봇팅(Pivoting)이라고 한다. 이는 기존 사업의 아이템이나 모델을 바탕으로 사업의 방향을 다른 쪽으로 전환하는 것을 일컫는다. 2011년 미국의 벤처기업가 에릭 리스(Eric Ries)가 쓴 책 『더 린 스타트업(The Lean Startup)』에서 처음 비즈니스 용어로 언급되었는데 원래 피봇(Pivot)은 농구, 핸드볼 등의 구기 스포츠나 댄스에서 한발을 축으로 삼아 땅에 딛고 몸을 회전하는 기술을 말한다. 이것이 비즈니스에 사용되면서 특히 스타트업 기업이 초기 사업전략에 갇혀 대대적인 진로를 수정하거나 전혀 다른 아이디어를 내야 하는 경우 이러한 경영상의 의사결정 자체를 '피봇'이라고 부르고 있다. 이 용어는 실리콘 밸리를 포함한 미국의 벤처기업 분야에서 사용되고 있는 인기 있는 단어다.

특히 벤처기업의 스타트업은 아이디어는 있지만, 자금 등이 부족한 것이 일반적인데, 그렇다고 해서 충분한 자금이 확보되면 준비한 사업계획이 항상 결실을 맺는다는 의미는 아니다. 처음 사업을 시작하는 사람은 누구나 자신의 아이디어에 절대적인 확신을 가진다. 그러나 실제 사업에 성공한 기업가를 만나보면 처음 구상했던 것처럼 상용화가 진행된 경우는 거의 찾아볼 수 없다는 말들을 한다. 그만큼 처음부터 시장의 요구에 완벽하게 부합하는 제품이나 서비스를 제공하기란 현실적으로 어렵다.

그래서 기업가는 앞으로 무슨 일이 일어날지 항상 가정을 상정하고, 시장변화에 따라 상정한 가정을 끊임없이 수정하고, 때론 검증하며 테스트를 한다. 그렇다고 가정만을 테스트하다가 방향을 바꾸는 것을 놓치게 되면 이는 실패할 때보다 더 큰 위험을 초래할 수 있다. 그런데 만약 상정한 가정이 유효하지 않거나 정확하지 않을 때는 어떻게 해야 하는가? 그때는 바꾸어야 한다. 그러나 말이 쉽지, 기존에 해오던 사업이나 생각을 하루아침에 바꾸기란 어려운 일이다.

어떤 기업가를 만나보면 자신은 항상 열려있는 자세를 가지고 있어서 기꺼이 바꿀 준비가 되어 있다고 말하지만, 막상 사람의 신념과 동반된 행동을 바꾸기 위해서는 많은 용기와 결단이 필요하다. 변화해야 하지만 변하지 않는 갈등, 또는 바꾸고 싶어도 바꿀 수 없는 갈등, 이러한 갈등은 기업가의 사업과정에서만 국한되지 않고 개인이 일하고 계획하는 방식에도 똑같이 적용된다.

생각해 보라. 계속 잘 나가는 사업과 그동안 이익을 가져다준 투자방식이 언제부터인가 벽에 부딪혔을 때 감히 전환점을 찾고 포기하기가 과연 쉬운 일이겠는가? 자신의 아이디어에 대한 과신, 실패에 대한 두려움, 심지어 그것에 투입된 노력과 투자를 생각하면 결정을 내리기가 결코 쉽지 않다. 설사 바꾸겠다고 결정을 내린다 해도 반드시 성공한다는 보장 또한 없다.

그렇지만 불확실성이 점점 커지는 상황에서 기존의 방식을 고집하면 더 낙오되기 쉽다. 잘 나가는 많은 기업이 이렇게 해서 사라졌다. 주의할 점은 피봇팅 전략이라고 해서 기존의 것을 전부 바꾸는 것만은 아니다. 이전에 수행한 모든 작업을 한 번에 제거하는 것이 항상 모범 사례는 아니므로 바꾸더라도 추구하는 가치와 비전까지 시장과 타협해서는 안 된다. 기존의 것은 나름대로 어떤 모양이나 형태로서 가치가 있다. 그 가치를 살리면서 일부는 제품을 추가하거나, 고객을 추가하거나, 합작 투자 또는 파트너십을 추가하는 것이 실질적인 피봇팅 전략이다.

〔그림 1〕 농구의 피봇팅

그런 점에서 피봇팅은 시장의 요구사항과 '절충'하고 '조정'하는 프로세스라고 정의할 수 있다. 실제로 스타트업을 할 때 처음 기획한 제품이나 서비스에 대한 아이디어를 세상에 묻지 않으면 시장과의 격차를 좁힐 수 없을뿐더러 시장의 크기가 얼마인지를 알 수가 없다. 작금의 시대는 제품과 서비스의 라이프 스타일이 빨라도 너무 빠르게 진행되고 있다. 그러므로, 최근 몇 년 동안 얼마나 빠르고 많은 피봇팅을 할 수 있는지가 스타트업 성공의 비결이라고 하는 이유가 여기에 있다.

문제는 피봇팅하기에 적절한 시기가 언제인가 하는 점이다.

피봇팅의 당위성만을 외치고 자칫 서둘러 행동했다가는 존립 기반마저 위태로울 수 있다. 그러므로 피봇팅을 하기 전에 충분히 논의하고 생각하며 그다음의 움직임에 대해 철저히 준비하고 치밀하게 계획하는 것이 중요하다. 즉, 시간, 생각, 계획이 필요하다. 피봇팅을 잘한다는 것은 낭비되는 자원의 양을 최소화하는 것을 의미한다. 만약 피봇팅이 필요하다고 결정했다면 빠르게 해야 한다. 그렇지 않으면 팀원들 사이의 에너지와 돈, 그리고 가장 중요한 시간과 같은 귀중한 자원을 잃을 수 있다.

글로벌 시장에서 10년 이상 줄곧 선두를 지키던 일본 도요타자동차는 전기차 시장보다는 하이브리드 시장이 먼저 올 것으로 예상하고 하이브리드 차량 개발에 무게중심을 두었지만, 시장의 반응은 빗나갔다. 전기차가 먼저 온 것이다. 미국은 전기차 생산을 확대하는 쪽으로 정책 방향을 잡았고, 중국은 일찌감치 국가 주도로 전기차 육성책을 펼쳤다. 그 사이 도요타자동차는 전기차를 연구하고 소비자에게 소개할 기회를 놓쳐 미국 GM에 뒤처지고 계속되는 판매 부진으로 위상이 급격히 추락하고 있다. 상대적으로 전기차 전환으로 빨리 피봇팅해야 하는 데 변화를 두려워하는 일본인의 속성상 전환속도가 느린 데다가 반도체 등 부품공급이 불안정한 상황에서도 재고를 최소화하는 일본 특유의 제조 방식인 JIT(Just in time, 적기 공급 생산)를 고집하고 있어 아직도 힘을 못 쓰고 있다. 이처럼 아니다 싶을 때 결단할 수 있는 용기와 망설임 사이의 차이가 어떤 결과를 초래하는지를 노키아와 도요타자동차의 사례가 잘 보여주고 있다.

건너뛰기 전략으로 치고 나가라

"속도, 민첩성, 응답성이 미래 성공의 열쇠다."

— 영국의 '더 바디 샵' 여성 사업가 겸 환경운동가 아니타 로딕
(1942~2007)

세계적으로 성공한 국가나 기업들이 가진 공통적인 특징이 있다. 무엇일까? 바로 '건너뛰기 전략'을 구사하고 있다는 것이다. '건너뛰기 전략'이란 남보다 빠르게 시장에 진출하고, 경쟁우위를 확보하기 위한 것으로 특정 상황이나 단계를 건너뛰는 것이다. 놀랄 만큼 변화가 빠른 기술진보 시대에는 제품 출시와 고객을 선점하는 것이 곧 성공의 지름길이기 때문에 여러 기업과 국가에서 이 전략을 채택하고 있다.

넷플릭스는 알고리즘을 통한 사용자 분석과 스트리밍 혁신으로 영화와 TV 프로그램 시청방식을 크게 바꾸었다. 넷플릭

스는 1997년 DVD 대여 사업을 시작으로 현재는 인터넷을 통해 동영상, 음악, 라디오 등의 멀티미디어 콘텐츠를 실시간으로 재생하는 온라인 스트리밍을 위주로 서비스하고 있다. 서비스 초기에 여러 문제점을 개선했으나, 화면 시청 시 오프닝과 다음 화면으로 이동할 때 클릭을 해야 하는 불편함이 있었다. 더욱이 멀리 떨어져서 컴퓨터로 시청할 때는 다가가서 클릭해야 하는 번거로움이 뒤따랐다. 그래서 넷플릭스는 2018년 초부터 건너뛸 수 있는 기능을 제공했다. '오프닝 건너뛰기', '줄거리 건너뛰기', '다음 회 바로 보기' 기능이 그것이다. 건너뛰기 기능을 제공함으로써, 사용자들의 시청 환경을 개선하고, 사용자들의 만족도를 높였다. 사람들은 시간에 구애받지 않고 원하는 프로를 한 번에 몰아보는 빈지워칭(binge watching)을 선호한다. 넷플릭스는 사용자가 오래 머물도록 건너뛰기 전략을 채택했다. 사용자 자신이 좋아하는 엔터테인먼트의 흐름을 잃지 않도록 선택방식을 바꾼 것이다.

구글이 운영하는 유튜브도 건너뛰기 전략으로 사용자의 반감을 줄였다. 광고는 유튜브의 중요한 수익원이기 때문에 이용자의 의사와 상관없이 끝까지 광고 동영상을 보도록 강제했었다. 하지만 디지털 세상에서 원하지 않는 광고를 억지로 봐

야만 하는 상황이라면 소비자들은 어떤 반응을 보이게 될까? 소비자는 자유를 박탈당하거나 침해당했다고 느껴지면 부정적인 감정을 품게 된다. 그것은 결국 유튜브라는 플랫폼 자체에 악영향을 미치게 된다. 그래서 유튜브 측은 디지털 세상을 이해하고 '광고 건너뛰기' 버튼을 만들었다. 손해를 감수하면서도 소비자들에게 선택권을 넘겨준 것이다. 결국, 소비자에게 선택의 자유를 부여함으로써 유튜브는 동영상 플랫폼 1등의 자리를 차지하고 있다.

잘 나가는 기업과 국가, 모두 건너뛰기 전략으로 성장

'천천히'라는 뜻을 가진 '만만디'는 중국문화의 중요한 가치 중 하나다. 물론 중국인의 국민성을 만만디로 대표할 수는 없다. 중국은 건너뛰기 전략으로 비약적으로 성장한 국가다. 대표적인 예가 유선전화와 휴대전화다. 대개 유선전화가 먼저 일반화되고 다음에 삐삐로 불리는 무선호출기에서 휴대전화가 보급되는 게 순서지만 중국은 바로 휴대전화로 건너뛰었다. 전통적인 유선 전화망 시스템을 건너뛰어 휴대전화 인프라를 빠르게 구축한 것이다. 초고속컴퓨터 보급 과정도 비슷하다. 1990년대 초반만 해도 중국의 컴퓨터는 연구기관이나 사무실 전용인 286급이 일반적이었다. 하지만 1990년대 말에 세계적으로 IT 붐이 일자 중국은 386과 486 컴퓨터 시대를 뛰어넘어 펜티엄급 컴퓨터를 보급했다. 중국은 기존 기술이나 구식 제품을 건너뛰고 새로운 기술을 재빨리 수용하는 경향이 있다. 이런 현상은 다른 분야에서도 쉽게 찾아볼 수 있다. 비디오 시대를 건너뛰어 VCD와 DVD가 대세가 되었으며, TV는 20인치 시대를 건너뛰어 대형 TV가 대세다.

인도는 지금도 사회 인프라 시설과 IT 하드웨어가 취약한 나라다. 그러나 IT 엔지니어링과 소프트웨어 분야에서는 매우 발전한 국가에 속한다. 인도는 세계에서 두 번째로 많은 IT 엔지니어링과 소프트웨어 기술자를 배출하고 있으며, 이를 통해 세계 IT 산업에서 큰 역할을 하고 있다. 이는 1990년대 초반에 추진한 시장개방과 1998년에 새로운 정부가 적극적으로 IT 산업 육성을 추진한 결과다. 인도는 제조업 기반의 하드웨어 산업을 건너뛰고 IT 기반의 소프트웨어 산업을 중점적으로 육성했다. 그 결과, IT 지식산업 발전을 기반으로 빠른 경제성장을 보이고 있으며, 빅데이터, 인공지능, 우주·항공 등 미래 핵심산업에서 세계의 선두 국가로 발돋움하고 있다. 전문가들은 인도가 가까운 미래에 인도 태평양, 나아가 글로벌 디지털 강국이 될 것으로 전망하고 있다.

　국내 스타트업 생태계에도 건너뛰기 전략을 취하는 창업자들이 있다. 국내에서 먼저 제품이나 서비스를 출시하여 경쟁력과 인지도를 갖춘 후에 해외시장을 두드리는 것이 일반적인 전략이다. 그러나 최근에는 처음부터 해외시장을 정조준하는 스타트업들이 늘어나고 있다. 일부 스타트업들은 국내시장의 경쟁이 치열하고 진입장벽이 높다는 점에 착안하여 해외시장을 먼저 공략한다. 해외시장도 경쟁이 치열하기는 마찬가지지만, 국내 시장보다는 기회가 더 많은 글로벌 시장에서 기업들이 새로운 요구와 트렌드에 맞는 제품과 서비스를 잘 개발한다면 높은 성장 가능성을 가질 수 있다. 세계적 열풍을 가져온 BTS 사례가 그렇다. BTS는 국내의 치열한 경쟁을 건너뛰어 세계 시장을 겨냥한 소통전략으로 큰 성공을 거두고 있다. 쿠팡은 기존의 유통구조와 달리 중간 유통단계를 건너뛰고 생산자와 소비자를 직접 연결하는 유통구조를 구축했다. 주식상장 역시 국내를 건너뛰어 미국 뉴욕거래소에 직상장하였다. 이 비즈니스 모델은 중간 유통자와 물류 업체 등이 차지하는 비용과 시간을 줄이고, 생산자와 소비자 간의 직접적인 거래를 통해 저렴한 가격과 빠른 배송 등의 장점을 제공하여 소비자들로부터 높은 인기를 얻고 있다. 대부분의 글로벌 플랫폼 기업이 중간단계를 뛰어넘는 전략으로 승승장구하고 있다. 또, 수험생이 시험을 볼 때도 건너뛰기 전략이 유효하다. 시험은 주어진 시간 내에 가능한 문제의 답을 많이 맞히는 것이 목적이기 때문에, 정답을 아는 문제를 먼저 풀고, 시간이 남으면 모르는 문제를 푸는 것이 더욱 효과적이다.

필자가 언급한 '건너뛰기 전략'이란 용어는 아직 학문적으로 정립되어 있지 않다. '개인이나 조직이 목적을 달성하기 위하여 정형화된 시스템과 일반적인 순서를 한 단계 이상 건너뛰는 선점수단의 일종'으로 정의할 수 있겠다. 이와 유사한 경제학 용어로는 '퀀텀 점프 전략'이 있다. 퀀텀 점프(Quantum Jump)란 기업이나 산업이 단계를 뛰어넘어 비약적으로 발전하는 것을 의미한다. 원래는 양자 물리학 용어로 '양자 도약(Quantum Leap)'이다. 양자 세계에서 양자의 상태가 양자 점프를 통해 이전 상태보다 더 높은 에너지 상태로 바뀌는 것을 의미한다. 즉 어떤 일이 연속적으로 조금씩 발전하는 것이 아니라 계단을 뛰어오르듯이 다음 단계로 올라가는 것을 말한다. 이 퀀텀 점프는 사회현상을 설명하는데 종종 인용된다. 요즘은 기술의 발전과 SNS 등의 온라인을 통해 사건들이 빠르게 전파되고,

급격한 변화가 일어나는 시대다. 갑자기 스타가 되기도 하고 갑작스럽게 몰락하는 등 예측하기 어려운 일들이 많이 일어난다. 아무런 움직임이 없다가도 갑자기 일이 발생한다는 점에서 현실은 퀀텀 점프와 유사하다고 볼 수 있다.

영어로 'skipping strategy'이라면 중국어로는 '티아오지 전략(跳級戰略)'으로 풀이할 수 있다. 티아오지란 한 단계 건너 뛴다는 것으로 월반(越班)의 의미로도 사용된다. 중국의 비약적인 경제성장은 압축성장과 티아오지 전략으로 요약할 수 있다. 중국의 기술 기업들은 중간단계를 건너뛰어 바로 최신 기술에 집중하고, 이를 활용한 혁신적인 제품과 서비스를 출시하여 글로벌 시장에 적극적으로 나서고 있다. 그들은 향후 5G, 빅데이터, 인공지능, 위성항법장치, 양자컴퓨터와 양자시스템 등을 결합한 미래 첨단기술에서 우위를 확보해 차세대 산업 분야에서 선두주자로 나설 것으로 보인다. 이를 통해 중국은 추격국가의 건너뛰기 전략을 활용하여 미국과 경쟁하는 게임체인저를 찾고자 할 것이다.

위의 몇 가지 사례에서 보았듯이 건너뛰기 전략을 적절히 활용한 기업과 국가는 경쟁에서 승리했다. 그렇지 못한 경우에는 정체되거나 도태된 예가 비일비재하다. 현재처럼 경쟁이 치열한 상황에서는 경쟁자들보다 더 빠르게, 더 스마트하게 대응해야 한다. 그런 점에서 개인이나 국가 역시 남보다 한발 앞서 나가는 전략이 필요하다. 성공은 단계적이고 점진적인 방식에서 오는 것이라고 모두 알고 있지만, 경쟁이 치열한 세계에서는 오히려 선택과 집중을 통한 '건너뛰기'가 매우 유용한 전략으로 자리 잡고 있다.

지도를 버리고, 나침반을 가져야

진화론자들은 "자연은 비약하지 않는다(Natura Non Facit Saltum)."고 말하고 있다. 자연의 변화는 천천히, 조금씩 이루어진다는 의미다. 그러나 지금, 세상은 비약적으로 변하고 있다. 인간이 창조한 기술, 경제, 사회 등의 분야에서 많은 변화가 일어나고 있다. 인공지능, 로봇공학, 빅데이터 등 다양한 분야에서 혁신적인 변화가 일어나고 있으며, 이에 따라 사회와 경제도 급격하게 변화하고 있다. 양적인 변화와 함께 끊임없는 질적인 변화가 일어나고 있는 것이다. 양적인 변화는 점진적으로 일어나는 경향이 강하고 질적인 변화는 갑자기 일어나는 경우가 많다. 하버드대학교 진화생물학자 스티븐 제이 굴드(Stephen Jay Gould) 교수는 **단속평형설**(Punctuated Equilibrium) 이론에서 생태계가 안정되어 있을 때는 진화가 거의 일어나지 않지만, 기후변화나 운석 충돌, 화산폭발과 같은 외적인 요인으로 생태계의 평형이 깨지면 순식간에 종이 소멸하거나 다른 종으로 진화가 일어난다고 설명하고 있다. 즉, 안정한 생태계일수록 진화가 덜 일어나고, 불안정한 생태계일수록 진화가 더 많이 일어난다는 뜻이다.

현재는 불안정하고 불확실한 시대다. 안정적인 환경에서는 과거의 경험과 지식이 상대적으로 더 유효했으나, 불안정한 환경에서는 과거의 정답이 부정되거나 유효하지 않을 수 있다. 성공을 위한 노하우를 찾기도 그만큼 어려워졌다. 해결책을 찾기 위해서는 새로운 관점의 접근방식이 필요하다. 현재에 살고, 앞으로 살아남으려면 빠른 변화에 대처하기 위한 미래전략을 세우는 것이 중요하다. 물론 과거의 정보와 지식도 중요하다. 하지만 불확실한 미래에 대응하기 위해서는 과거나 현재 상황 그 자체보다는 변화의 대세나 큰 패턴을 읽고 미래를 현재로 가져와 발 빠르게 행동해야 한다. "지도를 버리고, 나침반을 가지라."는 말이 있다. 이 비유는 미래를 앞서가는 사고법을 일컫는 것으로, 현재와 미래의 동향과 변화의 대세를 파악하고, 그에 맞는 전략을 수립하는 것이 중요하다는 의미다. 나침반이 가리키는 방향을 향하여 남보다 큰 보폭으로 빨리 움직이는 것, 이것이 건너뛰기 전략이요, 앞서가는 비밀의 시작이다.

성공을 위해 필요한 세 개의 눈

"다른 사람을 판단하는 것보다 자신을 판단하는 것이 훨씬 더 어렵다. 만약 여러분이 자신을 올바르게 판단하는 데 성공한다면, 여러분은 진정한 지혜를 가진 사람이다."

– 앙투안 드 생텍쥐페리(1900~1944)의 『어린 왕자』 중에서

현대 사회는 기술, 경제, 문화 등 다양한 분야에서 끊임없이 변화하고 있으며, 그 변화 속도는 매우 빠르다. 이 글을 쓰는 동안에도 변화는 계속되고 있다. 특히 4차 산업혁명은 인공지능, 로봇, 빅데이터, 사물인터넷 등 다양한 기술들이 융합하여 새로운 비즈니스 모델과 서비스를 창출하고 있으며, 기존 산업구조를 붕괴시키는 혁신적인 변화를 가져오고 있다. 이러한 변화는 미래의 사회와 경제 구조를 예측하기 어렵게 만들어서, 앞으로 어떤 시대가 전개될지 방향을 바로잡기가 힘들다. 개인은 물론 기업가에게 그만큼 힘든 세상이 된 것이다. 우리는 이러한 기술적 변화를 지속적으로 관찰하고, 적극

적으로 새로운 기회와 도전에 대응하며 미래를 준비해 나가야 한다. 그러기 위해서는 다른 시각에서 문제를 바라볼 수 있는 세 개 눈을 가져야 한다. 그것은 바로 '새의 눈', '곤충의 눈', 그리고 '물고기의 눈'이다.

먼저, '새의 눈'은 큰 그림을 볼 수 있는 시각을 의미한다. 새가 사냥감을 찾기 위해 높이 나는 것처럼 높은 곳에서 전체를 파악하는 것이다. 넓은 시야로 전체적인 구조를 파악하면 문제의 본질을 알게 되고, 문제 해결을 위한 최적의 전략을 수립할 수 있다. 전체적인 것을 보지 못하고 세세한 부분에 몰두하게 되면 상황을 정확히 파악할 수 없어 혼란에 빠지기 쉽다. 그러므로 하고자 하는 일이 어떤 목적과 가치가 있는지, 그리고 그것이 고객이나 다른 이해관계자들에게 어떤 영향을 미칠지를 고려하지 않으면, 전체적인 구조와 문제의 본질을 파악할 수 없게 된다. 예를 들면, 유럽의 작은 나라 그리스에서 일어난 재정위기로 인해 한국의 경제 상황이 매우 어려워진 적이 있었다. 현대 경제는 국경을 넘어서 글로벌 경제로 이어져 있기 때문에 작은 나라에서 발생하는 사건도 세계 경제에 큰 영향을 미칠 수 있다. 그리스의 재정위기는 유럽의 다른 나라들과 세계 경제에 큰 충격을 주었다. 이런 일은 경제에서 흔히 발생한다. 비록 먼 나라에서 벌어진 사건이라 할지라도 이것이 세계 경제에 어떤 영향을 미칠지 고민해야 한다. 특히 금융시장에 변동이 있을 경우에는 이로 인해 한국의 산업이나 우리가 관심 있는 분야와 어떤 연관이 있는지 넓은 시야로 파악하여 대처하고, 위험을 줄이는 방안을 찾아야 한다. 이것이 '새의 눈'이다.

'곤충의 눈'은 세부적인 사항을 볼 수 있는 시각을 의미한다. '새의 눈'이 전체적인 구조를 파악할 수 있는 시각이라면, '곤충의 눈'은 전체적인 구조를 이루는 작은 세부 요소들을 파악할 수 있는 능력이다. 세부 사항들은 전체적인 구조와 밀접한 관련이 있으므로 이를 통해 문제를 더욱 정확하게 이해할 수 있다. 곤충은 작은 생물이라서 일반적으로 넓은 시야를 가지고 있지 않다. 그러나 좁은 땅에서 살아가기 때문에 세부적인 부분에 대해서는 더욱 민감하게 반응하며, 세밀한 움직임을 파악할 수 있는 능력이 있다. 일반적으로 곤충의 시력은 인간의 시력보다 훨씬 낮으며, 0.1도 되지 않는다는 연구결과가 있다. 그러나 곤충은 여러 종류의 눈을 가지고 있어서 주변의 세부적인 사항을 잘 파악한다. 예를 들어, 곤충은 운동의 눈, 형태의 눈, 색채의 눈 등 여러 가지 복안을 가지고 있다. 운동의 눈은 움직임을 파악하는 데 사용되며, 형태의 눈은 물체의 형태와 크기를 인식하는 데 사용된다. 또한, 색채의 눈은 색상을 인식하는 데 사용되며, 광선이 진행하는 방향에 따라 광원의 광선을 분리하는 겹눈도 가지고 있다. 깡충거미는 눈이 8개나 있으며, 각각이 다른 방향을 바라보고 있어서 360도 전 방향을 탐지할 수 있는 시야를 가지고 있다. 이런 눈의 구조는 사냥하거나, 적의 공격을 피할 때 매우 유용하다. 사람은 날아오는 야구공을 볼 수 있지만, 날아오는 권총의 총알은 너무 빨라서 인식하기 어렵다. 그러나 곤충은 초당 300~500m의 빠른 속도로 날아오는 권총의 탄환까지 제대로 볼 수 있다. 동체 시력이 매우 뛰어나기 때문이다. '곤충의 눈'을 가진다는 것은 사물이나 상황을 여러 각도에서 자세히 파악하여 세부사항까지 확대해 들여다보는 능력을 갖춘다는 것을 의미한다. 비유하자면 현장에서 발생하는 세부사항들을 빠르게 파악할 수 있는 눈을 가져야 한다는 것이다. 공항의 보안 검색대에서 작은 세부사항까지 살펴봐야 하는 검색관이나, 높은 정밀도로 작업을 수행하는 외과의사 등에게 절대적으로 필요하다. 기업가는 자신의 비즈니스가 현장에서 어떻게 움직이고 있는지를 항상 파악해야 한다. 이를 위해 현장의 생산, 고용, 금융, 세금, 혹은 유통의 메커니즘 등 다양한 문제를 '곤충의 눈'으로 보아야 한다. 특히 마케팅 분야에서는 '곤충의 눈'이 매우 중요한 역할을 한다. 마케팅은 고객의 니즈와 요구사항을 파악하고, 이를 바탕으로 제품과 서비스를 개발하여 고객을 유치하는 과정이므로 기업가가 고객의 니즈를 파악하기 위해 고객과 밀착된 현장에서의 관찰은 필수다. 이를 통해 고객이 원하는 것은 무엇인지, 경쟁업체들은 어떤 전략을 취하고 있는지 등을 파악하여 적절한 마케팅 전략을 수립할 수 있다.

'물고기의 눈'이란 흐름을 읽는 능력을 의미한다. 물고기는 눈으로는 볼 수 없는 조류의 흐름을 온몸으로 감지하여 움직인다. 조류의 흐름을 놓치게 되면 생존할 수 없으므로 주변 상황을 예측하고, 대응할 수 있는 능력을 발휘하는 것이다. 이처럼 기업가나 마케터도 현재의 시장 동향을 파악하고, 트렌드를 파악하여 미래의 시장 동향을 예측할 수 있어야 생존할 수 있다. 아무리 거시적인 눈과 미시적인 눈을 갖고 있다 하더라도 시대의 변화와 조류를 파악하지 못하면 방향성을 잡기 어렵다. 시장 동향을 계속 관찰하고, 새로운 기술과 트렌드를 적극적으로 수용하고 활용할 때 기업과 개인은 성장의 기반을 다지고, 미래에 대한 방향성을 확보할 수 있다.

물고기의 눈을 갖는다는 것은 시대의 변화를 놓치지 않고 기회를 포착하는 능력을 갖춘다는 뜻이다. 사업은 속도가 생명이다. 빠르게 변하는 시장에서는 기업이나 개인이 시대의 변화를 놓치면 경쟁에서 밀려나거나 실패할 가능성이 크다. 지난날의 한국경제의 흐름을 살펴보자. 한국은 고도 경제성장으로 인해 빠르게 발전했지만, 이후 IMF 외환위기와 서브프라임 사태의 쇼크 등으로 인해 경제적 어려움을 겪었다. 이런 경제적 어려움은 한국의 경제 구조를 변화시키고, 새로운 경제 발전모델을 찾도록 만들었다. 이제 한국 사회는 저성장과 고령화로 인해 사회 구조, 가치관 등이 빠르게 변화하고 있다. 이러한 변화 속에서 지금까지 보지 못했던 여러 가지 움직임, 예를 들면 시대가 어느 쪽으로 흘러가고 있는지, 지금부터 어떻게 흘러갈지의 향방을 알게 되고 개인과 기업가가 가져야 할 본연의 자세가 무엇인지를 알 수가 있다.

이처럼 사회생활을 하거나 조직을 운영할 때 여러 측면을 고려하여 종합적으로 판단해야 한다. 현재는 많은 양의 정보가 넘쳐나고 있다. 이 중에서 불필요한 것과 필요한 것을 구분하고, 그 데이터를 모아 분석하고 이해하여 다음에 해야 할 일을 찾아내야 한다. 정보의 수집, 분석, 이해, 활용에 대한 능력을 기르는 데 필요한 것이 바로 세 개의 눈이다. 개인이나 기업가는 세세한 부분과 일 전체, 그리고 시대의 흐름을 동시에 파악할 수 있는 눈을 가지고 있어야 한다. 숲만 보고 나무를 못 보거나, 너무 세세한 부분만을 고집하거나, 큰 흐름만 바라보지 않아야 한다. 중요한 부분과 우선순위가 높은 것을 파악하여 시간과 자원을 효율적으로 활용해야 한다. 요컨대, 전체 파악은 새의 눈, 부분 파악은 곤충의 눈, 트렌드 파악은 물고기의 눈으로 들여다볼 줄 아는 세 개의 눈을 가지고 있어야 한다. 그래야 '곤충의 눈'으로 현장을 '다각적으로 보고', '새의 눈'으로 '판단을 내려', '물고기의 눈'으로 '결단을 실행'할 수가 있다.

〔그림 2〕 세상을 보는 세 개의 눈, 세 가지 능력

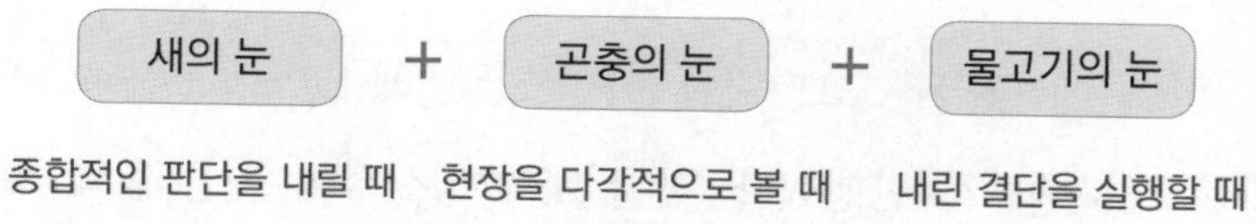

새의 눈 ＋ 곤충의 눈 ＋ 물고기의 눈

종합적인 판단을 내릴 때　　현장을 다각적으로 볼 때　　내린 결단을 실행할 때

높은 성과를 내는 비결

"필요한 일부터 시작해서 가능한 일을 하다 보면 갑자기 불가능한
일을 하게 된다."

— 프란체스코회 창시자 아시시의 프란체스코(1181~1226)

높은 성과를 내는 팀과 그렇지 않은 팀, 그리고 지속적인
성장을 거듭하는 기업과 그렇지 않은 기업의 차이점은 무엇
일까?

2012년에 구글은 코드네임 '아리스토텔레스(Project Aristotle)'
라는 프로젝트를 진행했다. 구글 내의 생산성이 높은 팀의 특
징을 발견하기 위해서였다. 이 프로젝트에는 당시 최고의 사
회학자, 조직심리학자, 엔지니어, 통계학자가 참여하여 '무엇이
팀을 더 효율적으로 만드는가?'에 대한 답을 찾는 실험을 하
였다.

이 프로젝트에 대한 해답을 찾기 위해 무려 4년이란 긴 시간 동안 사내 180개 팀을 인터뷰하고 구성원의 특징이나 매니저의 행동 등 250개 이상의 항목을 검증했다. 아쉽게도 검증된 대부분의 요소는 팀 실적과의 깊은 연결고리를 확인할 수 없었다. 그런데 심리적 안전성은 계속 살아남은 요소였다. 최종적으로 좋은 성과를 거둔 팀과 그렇지 않은 팀의 가장 큰 차이점으로 '심리적 안전성'이 뽑혔다. 두 번째는 '상호의존성', 세 번째는 '구조와 명확성', 네 번째는 '일의 의미', 다섯 번째는 '일의 영향' 순이었다. 이것이 바로 좋은 성과를 거둔 구글 팀의 다섯 가지 핵심요소다.

〔그림 3〕 좋은 성과를 내는 구글 팀의 핵심요소

그렇다면 좋은 성과를 거두기 위한 팀의 가장 중요한 요소로 왜 '심리적 안전성'이 뽑혔을까?

'심리적 안전성(Psychological Safety)'은 하버드 비즈니스 스쿨의 에이미 에드먼슨(Amy Edmondson) 교수가 1999년에 제창한 개념이다. 에드먼슨은 하버드 박사과정 중에 좋은 팀과 훌륭한 의료서비스 사이에는 관계가 있다는 가설을 검증하기 위해 여러 종합병원을 돌며 자료를 수집하였다. 그러나 기대와는 달리 팀워크가 좋은 병동이 오히려 투약의 오류와 같은 실수를 많이 한 것으로 나타났다.

이 점에 의문을 품은 에드먼슨은 의견을 기탄없이 교환하는 멤버들은 서로에 대한 신뢰가 높다는 점에 주목했다. 그 후 여러 후속 설문과 인터뷰를 통해 진상을 파악해본 결과, 팀워크가 좋은 병동이 더 실수를 많이 하는 것이 아니라, 그런 병동에서는 자신의 실수를 더 쉽게 털어놓을 수 있다는 것을 발견했다.

결국, 중요한 것은 팀워크가 아니라 실수를 인정할 수 있는 조직문화였다. '진심으로 자신이 생각하는 것을 발언해도 주위에서 비판이나 야유받는 일은 없다.'라고 하는 공통의 인식,

즉 참가자가 그 장소는 안전하다고 느끼고 주위를 신뢰하는 상태, 이것이 심리적 안전성이다.

이처럼 회사나 조직이 창의성과 높은 성과를 내기 위해서는 심리적 안전성이 중요하다. '심리적 안전성'은 다른 말로 정직함, 진실함에 가깝다, 터놓고 이야기하는 것, 위험을 감수하는 것, 심지어 '나 사고 쳤다.'라고 말할 수 있는 정직함, 다른 사람에게 기꺼이 도움을 구할 수 있는 용기를 말한다.

1970년대 초, 도브 샴푸로 유명한 세계적 생활용품 업체인 유니레버는 분말 세제의 제조 공정상에 문제를 안고 있었다. 분말 세제의 제조공정은 액상의 세제원료를 초고압으로 분사하여 순식간에 건조하여 분말 세제로 변화시키는 것이었다. 그러나 초기에 사용되던 고압 분사의 노즐구조는 세제 입자를 막히게 하여 일정 크기의 분말 세제 제조를 방해하였다.

노즐구조의 문제를 해결하기 위해 유니레버사는 팀을 만들었다. 이 팀은 우선 노즐 하나를 놓고 이를 무작위로 변형한 노즐을 10개 만들었다. 테스트를 통해서 제일 잘되는 것만 놔두고 나머지는 다 버렸다. 그리고 선택된 한 가지 노즐을 놓고 또 10가지의 변형을 만들었다. 그중 제일 잘되는 것만 빼고 나머지는 다 버렸다. 이런 식으로 다양한 실패와 변경을 반복하여 45세대 모델과 449번의 실패를 거치며 최종적으로 초기 모델과 비교해서 기가 막히게 좋은 노즐을 얻을 수 있었다. 이 노즐의 성능이 왜 그렇게 우수한지는 아직도 이유를 모른다고 한다. 이 예는 바로 유니레버의 팀에 '심리적 안전성'이 확보되어 있었음을 말해 준다. 심리적 안전성이 있었기에 팀원들은 탐색과 실패를 반복할 수 있었고, 결국 큰 성과를 거둘 수 있었다.

로켓 발사와 관련해서도 재미있는 연구가 있다. 로켓 발사의 성공률은 과거 발사의 성공률보다 과거 발사의 실패 수에 좌우된다는 사실이다. 그 이유는 발사가 실패한 뒤에는 멤버들이 한자리에 모여 여러 문제를 검증하고 새로운 틀을 모색할 수 있는 절호의 기회가 마련되기 때문이다. 실패는 조합을 찾는 과정의 중요한 일부이며, 실패 후에야 팀이 새로운 사고의 틀을 획득하는 최고의 타이밍이 된다. 반면에 성공은 자만을 강화하여 배움을 저해한다.

이제는 산업의 경계가 모호하고 기존의 비즈니스 모델이 해체되는 언번들링(Unbundling) 현상이 가속화되고 있다. 종전처럼 소수의 사람이 의사결정을 내리고 나머지 대다수가 그것을 따르기만 하는 방식으로는 시장의 변화에 대응할 수가 없다. 심리적 안전성이 확보되어 있는 동시에 팀이 실패로부터 배우는 것이 중요하다. 성공은 열정을 잃지 않고 실패에서 실패로 걸어가는 것이라고 한 윈스턴 처칠의 위대한 명언처럼 비록 실패한다고 하더라도 직원들이 시장에서 얻은 정보나 자신의 생각과 아이디어를 집단지성처럼 활용하는 기업만이 높은 성과와 시장의 변화를 주도할 수가 있다.

세일즈는 가치와 가치의 교환

"세일즈는 잠재 고객의 태도가 아니라 세일즈맨의 태도에 달려 있다."

— 미국의 사업가 겸 박애주의자 윌리엄 클레멘트 스톤(1902~2002)

세일즈는 기업의 매출 성장과 직결되어 있다. 많은 기업가가 세일즈에 대한 기법과 지식을 가지고 있어도 이를 실천하지 못하여 매출이 오르지 않고 있다는 점에 많은 고민을 안고 있다. 세일즈를 담당하는 직원들 역시 세일즈에 대해 나쁜 일을 하는 것 같은 혐오감이나 죄책감을 느끼는 경우가 많다. 그렇게 느끼는 원인은 세일즈에 대한 확고한 마인드셋이 구축되어 있지 못하기 때문이다.

세일즈는 상대방에게 단순히 물건을 판매하는 것에 그치는 것이 아니라 윈-윈을 실현하는 '가치와 가치'의 교환이다. 기업의 목적은 궁극적으로 소비자가 원하는 가치를 제안하는 활동이며, 기업이 만든 제품을 소비자에게 가치를 전달하거나 이전하는 것이 세일즈의 본질이다. 이처럼 세일즈는 등가교환이라는 확고한 의식과 마인드셋을 가지게 되면 세일즈에 대한 혐오감이나 죄책감은 없어지게 될 것이다.

세일즈의 역사를 보면 원시시대로부터 사람들의 물건과 물건의 교환으로부터 시작되었다. 지금은 '돈'이라고 하는 수단이 더해졌을 뿐, 본질적으로 '가치와 가치의 교환'이 변한 것은 없다. 그러므로 세일즈를 하는 것은 고객을 돕는 활동일 뿐만 아니라 고객에게 기회를 주는 행위이다. 그런 점에서 세일즈맨은 고가의 집을 짓는 것보다 가치가 더 높은 일을 하고 있는 셈이다.

그렇다면 세일즈를 잘하려면 어떻게 해야 할까?

첫째, 고객을 관찰하라

세일즈는 고객의 관찰에서 시작된다. 만약 상품을 파는 가게라면 고객이 가게에 들어오기 전부터 맞은편의 점포에서는 무엇을 보고, 자신의 가게에는 어떤 계기로 들어왔는지 등을 관찰해야 한다. 가게에 들어오면 어떤 것에 흥미를 갖는가를 유심히 관찰한 다음 고객을 관찰해서 얻은 데이터를 가지고 어떤 것을 권하면 더욱 흥미를 갖게 할 수 있을까를 예측해야 한다. 고객이 입고 있는 것으로부터 기호를 찾을 수도 있다. 그렇게 되면 고객으로부터 '이 사람이 나를 알아주네.' 하는 신뢰감으로 연결되게 된다.

둘째, 상품에 대한 지식을 쌓아라

흔히 "상품에 대한 지식은 없어도 팔린다."는 말이 있지만, 이는 극히 예외적인 경우다. 기본적으로 상품에 대한 충분한 지식을 가지고 있어야 고객의 여러 가지 물음에 답을 할 수가 있다. 가령 타사제품과의 비교와 가격대별 장단점을 설명하면 고객은 더 많은 신뢰와 호감을 가질 수 있게 될 것이다. 갈수록 고객의 요구가 까다로워지고 있는 현실에서 제품에 대한 사전지식을 많이 가지고 있어야지 어설프게 응대하면 큰 낭패를 볼 수 있다. 상품에 대한 충분한 지식을 갖지 못하였다면 나중에라도 자료와 함께 알려주면 그 고객은 다시 찾아오게 될 것이다.

셋째, 전력을 다하라

고객의 마음을 훔치는 것은 처벌받지 않는다는 말이 있다. 세일즈는 윈-윈을 실현하는 '가치와 가치'라는 마인드셋을 익히는 동시에 전력을 다하는 것이라는 마인드셋을 익히는 것이 중요하다. 세일즈맨이 전력을 다하지 않는 것은 고객에 대한 실례다. 만약, 어떤 고민을 안고 있는 예상 고객에게 전력으로 세일즈를 하지 않으면 그 예상 고객은 또 다른 상품을 찾아가는 시간과 돈을 낭비하게 될 것이다. 그런 수고를 하지 않도록 고객이 원하는 상품을 전력을 다해 찾아준다면 그것이 고객에게 도움이 되고 단골 고객을 확보하는 지름길이 된다. 단, 전력을 다해 세일즈를 할 때 주의할 점은 처음부터 살 생각이 없는 사람에게는 하지 않아야 한다.

넷째, 고객 응대 요령을 익혀라

세일즈를 잘하지 못하는 판매원을 보면 '고객=상품설명' 때문이라고 단정하기 쉽다. 그러나 고객과의 대화가 상품에 대해서만 치우치게 되면 고객에게 원하지도 않는 상품을 사게 할 것 같은 공포를 느끼게 할 뿐, 고객과의 거리는 전혀 좁혀지지 않는다. 이처럼 어떤 것을 결정해야 할지 모르는 고객에게 공포감을 없애도록 쾌적한 공간을 만들어 준다든가, 날씨 이야기나 세상 이야기를 한 후에 "천천히 봐 주세요."라고 말하면 고객은 자신의 페이스로 천천히 상품을 볼 수 있게 될 것이다. 그리고 물어보고 싶은 것이 있으면, 아까 그 사람에게 물어보면 좋겠다는 안심감도 더할 수 있다. 고객의 체재시간이 늘어나면 '사람이 사람을 부른다.'라는 효과를 기대할 수 있다. 게다가 다른 고객도 찾게 되는 상승효과도 생겨나게 될 것이다.

이처럼 세일즈는 가치와 가치의 교환이며, 고객의 마음속으로 파고들어 고객의 신뢰를 얻는 활동이다. 아무리 좋은 제품을 생산하여도 팔리지 않으면 소용이 없다. 그러므로 세일즈에 있어서 가장 중요한 것은 고객을 제대로 관찰하는 것임을 잊지 말아야 한다. 제품이 팔리지 않는 데는 반드시 그 이유와 원인이 있게 마련이다. 당장은 팔리지 않더라도 긴 안목으로 고객과의 관계를 지속적으로 유지하고 그 고객 관계가 가져다주는 앞으로의 매출에 역점을 둔다면 장기적으로 그 기업은 성장으로 연결될 것이다.

돈, 뜨겁게 사랑하라

"돈이란 힘이고 자유이며 안락함이자 모든 악의 근원이기도 한 동
시에 한편으로 최대의 행복이 되기도 한다."

— 미국의 시인 칼 샌드버그(1878~1967)

 행복을 위해 가장 필요한 것은 무엇일까? '돈'이라는 데 이
의를 제기하는 사람은 없을 것이다. 그만큼 돈의 힘은 강력하
다. 오랫동안 나라 잃은 민족으로 차별받았던 유대인이 믿고
의지할 것은 오로지 돈뿐이었다. 그들에게 있어 돈은 생존과
도 직결되는 문제였다. 그래서 유대인들은 돈의 소중함을 배
우고 익혀서 오늘날 세계에서 가장 부유한 민족으로 살아가
고 있다. 그들은 탈무드의 격언대로 "부유함은 견고한 요새이
고, 빈곤은 폐허다."라는 믿음을 신앙처럼 받들고 있다.

 돈의 기원은 우리가 생각하는 것보다 훨씬 더 오랜 역사를

가지고 있다. 교환이라는 기능 측면에서 보면 돈은 문명의 다른 요소들과 마찬가지로 가장 오래된 유물이다. 경제학자 케인즈의 말처럼 단지 지구의 역사에서 빙하기 이후 얼음이 녹아버리는 바람에 돈의 기원을 밝혀줄 유적이 소멸했을 뿐이다. 돈은 사람들이 살아가는 데 있어서 모든 속성들을, 그 속성과 모순되는 속성과도 교환된다. 사랑의 감정은 공짜지만 사랑을 하는 데도 돈이 든다. 그런데도 돈을 경멸하는 사람이 있다. 그런 사람은 결코 부자가 될 수 없는 마인드다.

주변에서 보면 '나는 돈에 관심 없어요.' 하는 사람이 있는데 이는 거친 표현을 빌리자면 가난한 작자들이 지어낸 독설에 지나지 않는다. 이런 사람들은 경계해야 한다. 역설적으로 이런 사람들일수록 어쩌면 돈에 미친 사람일지 모른다. 그 이유는 부와 돈은 인간의 영혼에 커다란 지배력을 미치기 때문이다. 돈이 전부인 건 아니지만 자본주의 사회에서 그만한 게 없다. 무엇보다 가난은 사람에게 견디기 어려운 불행을 가져다준다. 돈에 얽힌 모든 문제는 돈이 문제가 아니라 빈곤이 원인이 되어 일어나고 있다. 빈곤이야말로 질투, 원망, 배신, 범죄 등을 만들어 내고 있다.

사람이 돈을 소비하는 단계에는 세 단계가 있다. 첫째는 생존을 위해 소비하는 단계, 둘째는 사치를 위해 소비하는 단계, 셋째는 아무리 써도 감흥을 느낄 수 없는 단계다. 비록 세 번째의 감흥을 느낄 수 없는 단계일지라도 돈은 남을 복종하게 하는 힘을 지니고 있다. 그래서 오늘날 돈과 권력은 복종의 힘을 갖게 하는 원천이 되고 있다. 사람의 행복이란 것도 결국 감정적 자유와 함께 경제적 자유가 뒷받침되어야 한다. 그러므로 돈, 뜨겁게 사랑해야 한다.

지금까지 돈에 관한 수많은 충고와 교훈들이 있었지만, 세상에는 소수의 부자보다는 돈 없는 가난한 사람들이 더 많다. 사람들이 돈이 없는 이유를 정리해 보면 다음 4가지로 요약할 수 있다.

1. 돈이 무엇인지 모르기 때문이다

돈은 곧 시간이다. 돈은 '시급', '주급', '월급'과 같이 시간 단위로 측정된다. 사람들은 자신의 '시간'을 남을 위해 무언가를 하는 데 사용하고 그 '보상'으로 돈을 받는다. 내가 쓰는 돈은 상대방의 '시간'에 대한 '대가'다. 사람들은 이점을 간과한다. 가령 1개월간 일해서 번 돈으로 3일 만에 만들어지는 명품 핸드백을 산다면 나의 1개월이 명품을 만든 사람의 3일로 변하는 것이다. 내 시간의 가치가 명품을 만드는 사람의 1/10이 되고 만다. 그래서 돈을 벌려면 이런 구조에서 최대한 빨리 빠져나와서 명품을 만드는 사람이 있는 반대편으로 가야한다. 기업가가 창업에 뛰어드는 이유다.

2. 인생에서 절반만 일하기 때문이다

우리나라 근로기준법에서 근로자들은 하루 중에서 8시간을 일하기로 계약하지만, 야근하는 시간과 오가는 출퇴근 시간을 포함하면 실제 일하는 시간은 하루의 절반도 되지 않는다, 이것은 그저 '내가 가진 시간'만을 사용해 '돈'을 버는 것이다. 그래서 돈을 벌려면 일하는 시간을 늘리든지 아니면 '자는 동안에도 돈을 버는 방법'을 만들어야 한다. 그것이 어렵다면 누군가가 나를 위해 일하도록 돈을 버는 방법을 만들어야 한다. 이 방법은 자본을 축적하고 그 자본이 투자되어 움직이게 하는 것이다. 그러면 그 자본으로 누군가가 일을 하게 되고 내가 자는 동안에도 자본이 커진다. 기업가, 건물주, 대부업자들이 이렇게 해서 부를 쌓았다.

3. 자기능력으로만 일하기 때문이다

돈을 버는 데는 세 가지 방법이 있다. 첫 번째 방법은 자기 능력으로 돈을 버는 방법이다. 이는 가장 낮은 수준에 속한다. 두 번째 방법은 개인투자자나 기관투자자로부터 자본을 투자받아 일하는 방법이다. 자본은, 하루에 한 명이 8시간씩 일해 100일 걸리던 것을 100명의 시간을 사서 8시간 만에 해결하도록 해준다. 세 번째 방법은 투자자가 되는 것이다. 이 방법은 '인생에서 절반만 일하던 것을 인생 전체를 일하는 것'으로 바꾸는 것이고, '자기 능력으로만 일하던 것을 가장 뛰어난 사람들의 능력으로 일하는 것'으로 바꾸는 것이다.

4. 부자들의 돈 버는 방법을 모르기 때문이다

부자들은 투자를 통하여 돈을 번다. 그들이 돈을 투자하는 방법은 다양하다. 금과 같은 원자재나 곡물, 부동산, 주식은 물론이고 외화에 투자하기도 한다. 인수합병(M&A)에 관심을 두고 그런 기업이나 인수자에게 투자하기도 한다. 재벌기업의 문어발식 경영을 비난하지만, 재벌 기업이 계열사를 늘리는 것은 규모의 경제의 이점이 있기 때문이다. 그러나 대부분의 사람들은 부자들이 어떻게 돈을 버는지 잘 모른다. 그들 또한 잘 알려주지 않는다. 우리가 할 수 있는 능력의 범위에 따라 주식투자와 같은 부자들의 투자를 따라 할 수는 있다. 그러나 명심할 점은 성장의 과실을 가져가는 사람은 단타나 단기투자가가 아니라 대부분 장기 투자자라는 점이다.

이렇듯 돈이 없는 사람들과 달리 성공한 사람은 정말 일하지 못하게 되었을 때 쓸 돈이 있는 사람이다. 한때 많은 돈을 벌었다 하더라도 일하지 못했을 때 쓸 돈이 없다면 성공이라고 할 수 없다. 아무리 돈을 멀리하는 사람일지라도 생존을 위해서는 돈이 있어야 한다. 오랜 인류 역사에서 돈도 생명도 영원할 수는 없지만, 사람이 사는 동안에는 돈은 절대 필요하다. 성공한 기업가를 보면 시간에 가장 많은 투자를 하고, 일에 중독된 사람처럼 일을 하며, 자금을 조달하고 투자를 통해서 돈을 벌었다. 일부는 숭고한 뜻을 가지고 사회에 공헌하는 훌륭한 기업가들도 있다.

요컨대 돈을 벌기 위해서는 돈에 관한 자기통제와 돈 버는 방법을 익혀야 한다.

- 우선, 시간에 따른 돈의 크기는 상대적이라는 사실을 기억해야 한다. 30세 청년에게 100만 원은 스마트폰 한 대 값이지만, 잘 투자되면 35년 후에는 100배로 커진다는 사실

을 항상 떠올려야 한다.

- 큰돈과 적은 돈을 사용할 때 적은 돈을 더 신중하게 대하여야 한다. 큰돈은 누구나 신중하게 사용하고 투자하지만, 적은 돈은 많은 사람이 아무렇지 않게 대한다. 그러나 1억 원도 1만 원이 모여야 만들어진다.

- 큰돈을 만들려면 인내가 필요하다. 소비하고 싶어도 저축을 선택하는 인내, 투자한 돈이 복리로 불어나는 데 필요한 시간에 대한 인내가 바로 그것이다.

재무전략이 기업의 미래를 결정한다

"계획은 미래를 현재로 가져와 이에 대해 무언가를 할 수 있도록 하는 것이다."

　　　　　　　　　　　　　　　　　　　　– 미국의 작가 앨런 라킨(1938~)

　기업경영은 '계속된 투자와 회수의 구조'다. 이를 통해서 매출과 수익을 늘리고 현금을 확보해 나가는 구조를 구축해야 한다. 그래서 재무와 경영은 분리할 수 없고 분리하여 생각해서도 안 된다. 그런 점에서 재무전략은 경영전략과 함께 기업의 목적을 달성하기 위한 중요한 요소다. 아무리 유망한 사업전략을 가지고 있어도 이에 대응하는 재무기능이 취약하면 자금조달과 자본회수에 불균형이 생겨 경영전략을 달성하기가 어렵다.

　한때 잘 나가는 기업일지라도 당장 현금을 확보할 수 없어 쓰러지는 경우가 많다. 흑자도산이라고 하지만 이는 재무전략의 부재에서 비롯된다. 과거의 환경과는 달리 이제는 기업가가 재무를 잘 이해하지 못하고서는 기업의 존속 자체가 어려워지고 있다. 재무전략의 요체는 재정 상황이나 일정 기간 경영성적을 나타내는 '회계'와 '자금조달과 운용'의 두 가지 요소다. 그 궁극적인 목적은 최적 자본구성의 실현을 통해 기업의 가치를 높이는 데 있다.

따라서 기업가는 장기적 관점에서 사업이나 재무에 관한 전략을 종합적으로 수립하여 기업의 가치를 높여 나가야 한다. 그러기 위해서는 가치지향, 미래지향을 특징으로 하는 재무적 사고가 요구된다. 그런데도 많은 국내 기업가들은 자본효율이나 자본비용에 대한 의식이 희박하고 재무를 잘 이해하지 못하고 있다. 예컨대 회계나 재무전략은 경리나 재무담당자가 해야 할 몫으로 여기는 경우가 많다.

기업가가 재무적 측면에서 잘못 이해하는 부분들을 살펴보자.

첫째, 경리와 재무를 동일시하는 점이다. 근본적으로 경리와 재무는 크게 다르다. 경리는 과거의 사실을 회계적으로 집약한 것이다. 과거의 사실이 기본이기 때문에 확정성이 있다. 시간 축으로 따지자면 어디까지나 '과거'이다. 반면에 재무는 기본적으로 기업의 미래를 계획하고 전략을 그려 나가는 것이다. 미래에 기반을 두기 때문에 불확실성에 근거한 수많은 전략이나 가설이 등장한다. 시간 축으로 보면 '미래'이다.

둘째, 재무전략에 대한 잘못된 인식이다. 재무전략이라고 하면 뭔가 거창한 이미지를 떠올린다. 그러나 상장기업이나 대기업의 재무전략과는 달리 중소기업은 자금 사정 자체가 재무전략이다. 손익계산서상에 매출이 늘고 세전 이익이 높게 계상되어도 기업경영에서 당장 쓸 수 있는 돈을 만들어 내지 못하면 아무런 소용이 없다. 이처럼 재무전략은 '세무', '회계'와는 전혀 별개로 비록 적자가 계속되더라도 외부에서 돈을 조달하여 그것을 선행투자로 이어지게 하는 능력이다.

셋째, '손익계산서의 향상=회사의 가치향상'이라는 사고방식이다. 중소기업경영자의 90%는 눈앞의 손익계산서(P/L)의 지표인 '매출과 이익의 극대화'를 목적으로 한다. 그러나 이는 단편적인 사고이다. '회사의 가치향상'은 P/L보다 오히려 재무상태표(B/S)에 무게중심이 실려 있다. 왜냐하면, 기업의 존속은 B/S상의 현금이 얼마이고 앞으로 자본과 부채구조가 어떻게 최적화될지에 달려있기 때문이다. 그 때문에 은행 등 금융기관은 P/L보다 B/S를 더 중시한다.

넷째, 재무관리와 재무전략의 혼동이다. 재무관리는 기업활동에 필요한 소요 자금의 조달 및 그 사용과 관련된 일련의 활동으로써 주된 목표가 수익을 창출하기 위한 것이라면 재무전략은 기업의 현금흐름을 분석하여 미래의 기업가치를 극대화하는 데 주된 목표가 있다. 다시 말해 재무전략은 어디까지나 미래지향적 발상에 근거하고 있다. 즉, 1) 기업의 가치를 올리는 구조(=자기자본 비율 향상), 2) 자금의 조달과 운용(=투자)의 시스템, 3) 이익의 배분 시스템, 4) 자금 사정의 개선(B/S상의 현금예금의 확보), 이 4가지 모두가 재무전략의 구성요소로써 기업의 미래가치와 연결되어 있다.

그렇지만 재무관리에 응용된 기법들을 재무전략 수립과정에 도입하게 되면 기업이 가지게 되는 미래 환경 변화의 불확실성을 줄일 수 있다. 기업에서 어려운 문제가 발생했을 때도 재무관리의 원리를 이용하여 해결책을 제시해 줄 수 있다. 만약 기업이 은행에서 돈을 빌리려면 기업의 신용등급 구조, 금리의 결정방식, 담당자가 원하는 것 등 은행의 사정을 알아야 한다. 이때 재무제표를 좋게 하여 신용등급을 높여 10억 원을 빌리는데 대출금리를 1%만 낮추어도 연간 1천만 원을 줄일 수 있다. 기업가들은 이점을 간과한다.

기업에는 항상 위험과 수익이라는 상반된 개념이 존재한다. 지금까지 국내 기업을 살펴보면 수익을 올리기 위한 전략에는 많은 관심을 두고 있으나 위험을 줄이기 위한 전략은 무시하거나 고려하지 못했던 것이 현실이다. 위험이 줄어들면 상대적으로 수익은 커지게 된다. 이 위험을 최소화하는 데에 주안점을 두는 것 또한 재무전략의 영역에 속한다. 재무전략은 계량적이거나 자금조달에만 한정되어 있지 않다. 기업의 가치를 향상시키는 미래전략임을 알아야 한다. 당신의 회사에는 재무전략이 있는지, 있다면 충분한 전략이라고 할 수 있는지를 생각해 보아야 한다.

제로 투 원을 추구하라

"인생의 많은 실패자들은 포기했을 때 자신이 얼마나 성공에 가까워졌는지 깨닫지 못한 사람들이다."

– 미국의 발명가 토머스 A. 에디슨(1847 ~1931)

세계적인 전자결제 시스템 기업 페이팔의 설립자 피터 틸(Peter Thiel)은 그가 쓴 책 『제로 투 원(Zero to One)』에서 성공한 기업이 되기 위해서는 0에서 1을 만들어 새로운 독점적 가치를 창출해야 한다고 강조하고 있다. '0에서 1'과 '1에서 2'는 같은 차이의 1이지만, 이는 매우 큰 차이가 있다. '0→1'이 무에서 유를 찾는 활동이라면 '1→2'는 유에서 유를 찾는 행위다. 창업가를 존경해야 하는 이유는 무(0)에서 유(1)를 추구하여 '새로운 것을 창출하는 것'에 뛰어드는 사람이기 때문이다. 피터 틸의 주장처럼 사람들이 이미 알고 있는 일을 다시 해 봤자 세상은 1에서 n이 될 뿐이다.

아무도 생각하지 못한 곳에서 새로운 가치를 찾아내는 일에 뛰어들어 수많은 성공 기업가들이 탄생했다. 애플, 구글, 아마존, 페이스북의 창업자가 그 대표적인 예다. 그래서 성공한 기업가가 되려면 무에서 유를 찾는 '제로 투 원'의 활동을 끊임없이 추구해야 한다. 그런데도 많은 기업가는 새로운 무언가를 만드는 것보다 어떤 것을 모방하거나 복사하는 것에 익숙해져 있다. 주변에서 보면 어떤 사업이 잘된다 싶으면 쏠림현상이 나타나 치열한 경쟁을 하다가 사라지곤 한다. 그와 같은 방식을 반복하면 새로운 것을 창출할 수 없어 기업이 오래 지속될 수가 없다. 얼마 전에 만난 지인은 동양과 서양의 큰 차이점으로 모든 발명품은 서양에서 만들어지고 동양은 이를 모방하는 데 그치고 있다는 농담을 한 적이 있다. 그러고 보니 일부 수긍이 가는 면이 있어 고개가 끄덕여진다.

무에서 유를 창출하는 단계를 하나의 방정식으로 나타내면 [그림 4]와 같다.

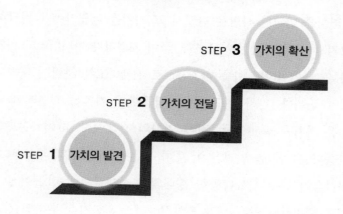

〔그림 4〕무에서 유를 창조하는 단계별 전략

STEP **3** 가치의 확산

STEP **2** 가치의 전달

STEP **1** 가치의 발견

1단계는 '가치의 발견'이다.

세상에는 아직 발견되지 않은 가치가 있는 것들이 무수히 존재하고 있다. 다이아몬드의 예를 들어보자. 옛날 인도의 강변에 뒹굴던, 단지 단단하기만 한 다이아몬드 원석을 누군가는 보통의 돌과 뭔가가 다름을 알아채고 연구하고, 닦고, 자르면서 반짝이는 보석으로서의 가치를 발견한 것이다. 그래서 영원히 변하지 않는 다이아몬드의 아름다움을 찾아냈다. 그냥 지나쳐 버려 놓치기 쉬운 것을 그 사람만이 찾아내는 가치, 그 가치를 발견하는 데에서 무에서 유를 창출할 수 있다. 그래서 기업가는 가치를 발견하기 위해 늘 생각하고 관찰하는 것을 게을리하지 않아야 한다.

2단계는 '가치의 전달'이다.

가치를 발견한 사람은 반드시 그 가치를 누군가에게 전달하고자 하는 열정이 솟아오른다. 굳이 기업가가 아니더라도 가치가 있는 일이라면 이를 비즈니스로 전개하고픈 사람이 나타나기 마련이다. 가치를 모르는 사람들에게 가치가 전달되어 더 높은 가치를 낳게 하는 것이 '가치의 전달'이다. 다이아몬드의 아름다운 가치를 발견한 이후 더 높은 가치를 위해 수많은 가공기술이 전수되고 다양한 형태의 보석제품들이 만들어졌다. 지금은 변하지 않는 사랑을 상징하며 약혼반지나 부부의 징표로서 선물하기도 하고 공업용으로도 사용되기도 한다. 다이아몬드의 예처럼 발견한 가치를 전력을 다하여 고객에게 전달하는 것 역시 무에서 유를 창출할 수 있는 활동이다.

3단계는 '가치의 확산'이다.

전달된 가치는 확산을 통해 미래의 성장으로 연결된다. 특히 SNS의 보급으로 제품과 서비스에 가치가 있다고 판단되면 고객에게 빠르게 확산하는 특징이 있다. 다이아몬드의 가치를 발견한 사람의 열정에 감화되어 공감한 사람은 기꺼이 대가를 주고 산다. 그래서 다이아몬드의 가치를 알고 구매하는 사람이 꾸준히 늘어나게 된다. 그 결과, 오늘날 거대한 다이

아몬드 시장이 형성되고 있다. 이처럼 누군가에게 전달된 가치는 여러 사람에게 확산해야 고객을 창조한다. 우리가 잘 아는 글로벌 플랫폼 기업들은 네트워크 효과라는 가치의 확산을 통해 무에서 천문학적인 유를 창출하고 있다.

'무'에서 '유'를 창출한다는 것은 거창한 것이 아니다. 작은 것에서부터 얼마든지 실천할 수 있다. 내가 아는 기업은 고객에게 늘 웃는 얼굴로 인사한다. 웃는 얼굴로 인사를 한다고 해서 돈이 드는 것이 아니다. 사소한 것 같지만 웃는 얼굴로 고객을 대하다 보면 알게 모르게 기업의 매출이 늘어나게 된다. 이른바 비가격 경쟁력의 효과다. 웃는 얼굴로 인사를 하지 못하는 것은 심리 속에 상대를 부정하고 있는 뉘앙스를 심어줄 수 있다. 그렇게 되면 모르는 사이에 일하는 의욕을 잃어버려 기업의 매출이 하락할 수 있다. 이런 경우 왜 웃는 얼굴로 인사를 하지 못하는지를 살펴보고 개선하는 것이 중요하다.

발견된 가치를 전달하고 확산하는 단계를 거치면서 많은 기업이 '무'에서 '유'를 창출하고 있다. 물론 각각의 단계마다 어려움이 있다. 이를 극복하기 위해서는 시간과 인내, 집중력이

필요하다. 그런 점에서 '제로 투 원'의 추구는 기업가의 숙명과
도 같다. 위의 방정식에서 끌어낼 수 있는 답은 기업가는 무
엇을 관찰하고 배우느냐에 따라, 또 무엇을 추구하느냐에 따
라 같은 현상을 보더라도 찾아내는 가치의 산물은 달라질 수
있다는 점이다.

여러분은 지금 무엇을 배웠으며, 어떤 가치를 찾아내고 있
습니까?

문제를 어떻게 해결할 것인가?

"유일한 도구가 망치라면 모든 문제는 못처럼 보인다."

— 미국의 심리학자 아브라함 매슬로우(1908~1970)

일반인들과 기업가의 가장 큰 차이점의 하나는 문제의 해결 방식에 있다. 일반인들은 문제를 인식하지만 이를 해결하고자 하는 실행력은 부족하다. 반면에 기업가는 세상을 모순으로 바라보고 모순을 발견하여 문제해결을 위해 끊임없이 노력한다. 문제해결이 곧 사업이고 기회다. 그래서 일반인을 문제 인식자(Problem Identifier), 기업가를 문제 해결자(Problem Solver)로 정의한다.

기업이란 고객이 평소에 느끼는 불편함이나 일상에서 추구하는 욕구를 문제해결을 통해 고객에게 제안하는 활동이다.

이에 대한 대가로 기업은 고객을 통해서 이익을 창출한다. 오늘날 많은 사람이 기업의 문제해결 방식을 통해 만들어진 제품과 서비스로 생활의 편리함을 누리고 있다.

핵심은 '기업가가 문제들을 어떻게 해결할 것인가?' 하는 점이다. 기업가는 기회를 발견하고 자신의 아이디어를 실현하기 위해 회사를 설립한다. 그리고 필요한 인력을 뽑아 각종 아이디어와 전략을 직원들과 함께 수립한다. 그렇지만 문제를 해결하는 방식은 기업마다 차이가 있다. 잘 나가는 기업의 가장 눈에 띄는 특징 중 하나는 직원들이 지닌 잠재적인 창의력을 잘 끌어내는 데 있다.

미국의 영화 애니메이션 제작사인 픽사 애니메이션 스튜디오(Pixar Animation Studios)의 사례를 살펴보자. 이 회사는 최고경영자부터 직원들과 격의 없는 토론으로 질 높은 발상을 끌어내 큰 성공을 거두고 있다. 원래 픽사(Pixar)는 1979년, 영화 「스타워즈」의 제작자로 유명한 조지 루카스의 루카스필름 내 한 컴퓨터 부서에서 시작되었다. 그러다가 1986년 2월에 애플에서 쫓겨난 스티브 잡스가 1,000만 달러에 사들여 '픽사'라는 회사를 설립하였다. 그 뒤 2006년, 디즈니가 인수하여 뛰어난 작품성으로 여러 번의 아카데미상과 그래미상 등을 수상하였다.

픽사는 발상을 개인의 힘에 맡기지 않고 이야기 창조 과정에서 타인의 시각을 항상 부여하는 것을 중시한다. 브레인트러스트(Brain Trust)가 제작자를 특정 사고의 틀에서 끌어내는 역할을 한다. 브레인트러스트는 특정 목표의 달성이나 어려운 문제 해결을 위해 조언을 요청받는 사람을 말한다.

픽사는 스토리 제작 경험자로 구성된 브레인트러스트라는 프로 집단을 제작 과정에 참여시켜 실제 제작팀과 제작 단계에서부터 내용과 방향을 논의하는 시스템을 마련하였다. 이러한 시스템을 도입한 이유는 제작 초기 단계는 모든 것이 문제투성이라서 문제의 특정과 규명을 여러 번 거치는 것이 매우 중요한 과제라고 생각했기 때문이다.

그중 픽사에서 높은 흥행성적을 거둔 애니메이션 영화 「인사이드 아웃(Inside Out)」은 소녀 라일리의 탄생과 함께 그녀의 머릿속에 있는 다섯 개의 감정들(기쁨, 슬픔, 두려움, 혐오, 분노)이 분투하는 이야기를 다루고 있다. 주제는 소녀 라일리의 감정 성장이지만 착상의 초기 단계에서 피트 닥터(Pete Docter) 감독은 감정의 '성장'을 테마로 내걸지 않았다. 라일리의 머릿속에서 무슨 일이 일어나고 있는지, 즉 감정들의 주고받기가 테마였다. 사내 10분의 시사회에서도 감정 캐릭터의 대화가 재미있게 묘사되어 브레인트러스트들 역시 이 영화는 성공할 것이라고 말하였다.

하지만 브레인트러스트의 한 멤버는 기억이나 감정의 변화가 중요하다고 생각하였다. 감정들이 어떻게 기억과 관계를 맺고 자신의 역할을 이해하고 변화시켜 나갈 수 있는지를 주제로 하는 것이 흥미롭다고 느꼈다. 그래서 감독은 어떤 부분이 중요한지 다시 생각해야 했다. 이 영화의 본질은 감정들의 주고받기인가? 아니면 감정들의 변화인가?

최종적으로 감독은 이 브레인트러스트의 지적을 받아들여 인간이 피할 수 없는 변화, 즉 성장이야말로 이 영화의 본질이라고 다시 봤다. 주고받기의 단순한 소통만으로는 스토리의 깊이가 없다고 판단하여 감정 캐릭터의 변화로부터 인간의 성장을 그리는 것이 중요하다고 결단한 것이다.

우리가 회의에서 자주 보는 것은, A와 B 중 어느 쪽이 좋은 아이디어인가를 선택하는 과정이다. 그러나 「인사이드 아웃」의 제작팀은 초기의 주고받기와 변화라는 주제를 다른 시각으로 따져본 결과, 성장이라는 새로운 아이디어를 찾아낸 것이다. 이 영화의 스토리는 '주고받기'를 통한 '변화'에 의해서 감정이 얼마나 '성장'해 가는지를 그리고 있다. 제작팀이 이러한 결론에 이르게 된 것은 바로 팀워크의 덕분이었다. 팀 멤버의 발언이나 아이디어를 다른 누군가가 다른 시각으로 바라보도록 하여 문제의 원인을 지적하고, 또 다른 멤버가 그 지적을 받아 새로운 사고에 착수한 것이다.

사람들은 저마다 고정된 생각의 틀을 가지고 있어서 무의식적으로 그 틀에 끼우곤 한다. 기업 역시 마찬가지다. 그런 점에서 픽사의 사례처럼 기업가는 회사 직원과 브레인트러스트 같은 팀워크를 통해 새로운 조합으로 새로운 발상을 이끌어나가는 것이 중요하다. 그것이 고객의 문제는 물론 기업 앞에 놓여있는 문제까지 잘 해결할 수 있는 방식이다.

불황은 강해질 수 있는 기회다

"당신의 실망을 행운으로 여기십시오. 한 계획의 디플레이션은 다른 계획의 인플레이션입니다."

— 프랑스의 시인·소설가 장 콕토(1889~1963)

어디를 가도 '불황'이라는 말이 들린다. 기업의 일감은 줄어들고 있고, 구직자들은 일하고 싶어도 마땅한 일자리가 없다고 하소연이다. 실제로 기업인을 만나보면 매출의 감소로 정리해고나 구조조정 등에 직면하고 있는 경우가 많다. 최대의 원인은 소비자가 돈을 쓰지 않기 때문이다. 소비자의 기호도 까다로워지고 있다. 이럴 때 기업은 어떻게 대처해야 할까?

첫째, 불황을 혁신의 적기로 삼아야 한다. 제대로 경영하는 기업가는 불황을 자신의 비즈니스를 견고히 할 좋은 기회로 생각한다. 실제, 혁신이나 개선은 순조로울 때 하기 힘들다.

사람은 좋을 때가 계속되면 아무래도 안이한 기분이 생기기 쉽고 그 때문에 무언가 문제가 있어도 그대로 간과해 버리는 경우가 많다. 그러나 불황이 닥쳐 경영이 곤란에 빠져들면, 호황의 시기에는 깨닫지 못하거나 손대지 못한 과제가 명확히 보여 혁신과 개선의 필요성을 절감하게 된다. 또 직원들에게도 위기감이 생기고, 호황 시에는 좀처럼 임하지 않았던 것도 진지하게 대처하는 한편, 직원들이 하나가 되어 혁신을 추진하기가 쉬워진다.

둘째, 불황을 라이프 사이클의 하나로 이해해야 한다. 비즈니스 세계에서는 좋을 때가 있으면 나쁠 때가 있다. 아일랜드 출신의 경영이론가인 찰스 핸디(Charles Handy)는 이를 시그모이드 곡선(Sigmoid Curve)으로 설명하고 있다. 즉 기업이든 사람이든 통상 초창기, 성장기, 안정기, 쇠퇴기의 S자 모양의 곡선을 그린다. 초창기에는 노력이나 시간 등의 자원을 투입하면 성장을 하지만 그 성장세는 지속하기 어렵고 고점을 지나 하락세를 타기 마련이다. 문제는 하향곡선을 그리기 전인 A점에 있을 때 제2, 제3의 성장곡선을 다시 시작해야만 예정된 쇠락에서 벗어날 수가 있다는 것이다. B점에서 시작하면 너무 늦다.

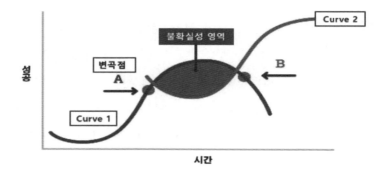

(그림 5) 찰스 핸디의 S자 시그모이드 곡선

셋째, 불황일수록 기본에 충실해야 한다. 한 분야에서 크게 성공한 기업가나 달인들에게 그 비법을 물어보면 그 대답은 한 결같다. 어려울 때일수록 기본기를 다진다고 한다. 불황이라고 소비를 하지 않는 것이 아니다. 사람들은 불황이 닥쳐와도 유행에 따라서 옷이나 물건을 바꾸고 좋은 신제품이 나오면 줄을 서서라도 구매한다. 그래서 항상 새로운 히트 상품이 태어나고 있다. 또한, 한번 확립된 소비는 불황이 와도 별로 줄어들지 않고 있다. 오히려 그중에서 살아남은 것은 '일류명품'이 되어 간다. 삼성전자의 경우 세계적인 불황을 계기로 반도체와 ICT 등 첨단소재 분야에서 2위와의 격차를 더욱 벌릴 수 있는 '초격차 확대경영'을 선언하며 세계 1위의 자리를 지키고 있다.

넷째, 불황을 성장의 기회로 삼아야 한다. 어떤 면에서는 불황이 있어야 성장의 국면을 맞이할 수 있다. 기업가에게 불황이 닥치면 모든 것이 힘들고 괴롭다. 그래서 기업가는 그 원인을 남의 탓으로 돌리고 싶어 한다. 그런데 역으로 생각해 보면 불황의 시기에는 무엇이든 싸게 살 수 있는 기회가 주어진다. 원재료, 공장, 제품, 부동산, 심지어 주식까지 싸게 살 수가 있다. 시험이 어려우면 변별력이 커지듯 핵심역량이 있는 강한 기업과 그렇지 않은 기업의 차이는 경기침체기에 극명하게 나타난다는 것이 학자들의 공통된 지적이다. 또한, 위기나 불황 시에는 평상시보다 돈 벌 확률이 10배나 높다고 한다. 그런 점에서 기업가는 '불황이니까 어쩔 수 없어.'라고 체념하거나 위축되지 말고 오히려 불황을 성장의 새로운 씨앗을 뿌릴 절호의 기회로 삼아야 한다.

경기불황은 경제 사이클의 일부분으로, 지금까지의 역사에서도 주기적으로 발생했다. 1929년에 시작된 미국의 대공황은 은행의 도산과 실업의 연쇄반응으로부터 급격한 불황이 파급되어 1933년에는 미국 인구 중 1,300만 명(4명 중 1명)의 실업자가 나왔다. 공황은 1936년까지 이어졌다. 이 공황이 세계로 파급되고, 유럽 각국에서 일본 등 아시아 국가에도 영향을 받아 자본주의 각국은 공황으로부터의 탈출을 모색하는 과정에서 군국주의와 파시즘을 대두시켜 제2차 세계대전을 초래하였다.

그 이후에도 많은 나라에서 크고 작은 불황은 반복되었다. 특히 1997년, 우리나라를 강타한 IMF 외환위기 당시엔 2만여 개의 기업이 부도나고 100만 명 이상의 실업자가 한꺼번에 거리로 쏟아져 나와 엄청난 경제적 피해를 가져다주었다. 그 뒤 2008년 9월에 금융 대기업인 리먼 브라더스의 파탄을 계기로 새로운 세계적인 경제위기가 닥쳐왔다. 그 배경에는 미국경제의 침체, 신흥 경제 지역의 대두, EU 등 지역경제 통합의 진전과 함께 시장경제 만능주의(신자유주의 경제)의 부활이라고 하는 경향에다 특히 미국의 조지 부시 정부하에서 규제 완화 정책이 추진되어 금융 공학이라고 일컫는 다양한 투기 머니의 이익추구가 가속화되어 서브 프라임 문제가 발생하게 되었다.

그렇지만 여러 번의 위기와 불황 속에서도 성공의 부를 쌓은 기업가들은 이 시기를 혁신의 적기, 라이프 사이클의 하나, 기본을 다지는 계기, 그리고 성장의 기회로 삼았다. 여러

분이라고 해서 그러지 못할 이유는 없다.

"호황은 좋지만, 불황은 더욱 좋다. 불황은 자연현상이 아
니다. 나쁜 날이 지나면 좋은 때는 반드시 온다."

일본에서 '경영의 신'으로 추앙받는 마쓰시다 전기 창업자
마쓰시다 고노스케(1894~1989)의 말이다.

스스로 답을 만들어라

"문제는 누가 나를 허용할 것인지가 아니다. 나를 막을 사람이다."

― 미국의 소설가 아인 랜드(1905∼1982)

AI와 로봇 등 기술의 발달로 기업생태계에서도 이미 변화는 시작되고 있다. 변화의 시대에는 무엇이 정답인지를 제시해 주지 않는다. 정답을 알 수 없으니 기업을 어떻게 운영해 나아가야 할지 그 방향성을 찾기가 쉽지 않다. 주변을 보면 어느 정도 정상궤도에 오른 기업은 수성을 위해 지금까지 해 왔던 기존방식을 고집하거나 변화의 흐름을 애써 외면하려는 경향이 있다. 그러나 변화하지 않으면 생존 자체가 불가능한 시대다. 살아남으려면 변화를 받아들이면서 동시에 새로운 변화를 만들어 가야 한다. 살아남는 자는 더 강하거나 더 똑똑해서가 아니라 변화할 수 있었기 때문이다.

이러한 변화의 시대에 기업은 행동함으로써 스스로 최적의 답을 찾아야 한다. 그 누구도 정답인지, 아닌지를 모르고 아무도 '괜찮다.'라고 보장해 주지 않기 때문에 스스로 책임지고 결단하는 방법밖에 없다. 성장으로 연결하는 기업은 정답이 없는 문제라도 뛰어난 해결능력을 갖추고 있다.

세상에는 3가지 종류의 문제, 즉 1개의 정답을 갖는 '단순한 문제(Simple Problem)', 당장 해결이 어렵더라도 시간이 걸리면 정답을 이끌 수 있는 '복잡한 문제(Complex Problem)', 원래 정답이 없는 '난해한 문제(Wicked Problem)'가 있다. 변화의 시대는 정답이 없는 '난해한 문제'들이 넘쳐나고 있다.

〔그림 6〕 문제의 유형

단순한 문제 (Simple problem)

복잡한 문제 (Complex problem)

난해한 문제 (Wicked problem)

그렇다면 어떻게 해야 기업가 앞에 놓여있는 '난해한 문제'들을 해결할 수 있을까?

그중 하나가 1986년 미국의 경영학자 맨즈(Manz, C)가 제안한 셀프리더십이다. 그가 주장한 셀프리더십이란 누구의 지시가 아니라 자기 스스로 통제하고 행동하는 것을 말한다. 중요한 것은 통제의 주체가 어디까지나 '스스로'라는 점이다. 스스로 자신의 생각과 행동을 변화시키기 위해 스스로 정한 규칙과 절차에 따라 자신을 이끌어 간다. 그래서 미래에 요구받는 자신의 모습을 정의하고 스스로 추구하는 삶의 모습을 스스로 경영할 수 있게 하는 능력을 쌓아간다. 셀프리더십은 요즘과 같은 변화의 시대에 기업가에게 절실히 요구되고 있다.

기업가가 셀프리더십을 발휘하려면 가장 먼저 자신이 가지고 있는 기존의 생각에서 벗어나야 한다. 설사 지금까지 자신이 채택한 방식이 성공했다고 해도 앞으로도 계속 성공하리란 보장은 없다. 셀프리더십의 핵심은 자신의 변화에 영향을 미치기 위해 사용하는 행동과 사고방식에 초점을 두고 있다. 그런 점에서 자신에게 자극을 주고 격려하는 것은 좋지만 자신의 생각만을 고집해서는 안 된다. 가치관과 생각은 사람마다 다르고 시대에 따라 변하기 마련이다. 서로 다른 사람들의 가치관을 받아들이고, 공감하면서 납득할 수 있는 답을 만들어 갈 필요가 있다.

다음으로 유연한 사고를 배양해야 한다. 유연한 사고는 한 틀에 갇혀 한 방법만 고수하는 것이 아니라 여러 가지 가능성과 상황에 따라 사고방식을 창의적으로 바꾸는 것을 의미한다. 빛의 속도로 빠르게 변화하는 시대에 분석적인 사고 및 경직적인 사고로는 새로운 패러다임을 이끌 수가 없다. 유연한 사고는 인간이 컴퓨터와 구별되고 인공지능을 이길 수 있는 유일한 방법이다. 뇌 과학 전문가인 버니스 매카시 박사는 4MAT 시스템을 통해 유연한 사고를 확장하는 방법으로, Why를 통해 '이걸 어떻게 사용할 수 있을까?', What을 통해 '이중 어떤 것들이 사실인가?', How를 통해 '어떻게 그렇게 되는가?', If를 통해 '어디에 적용할 수 있을까?'라는 질문을 자주 던져야 한다고 강조하고 있다.

마지막으로 하나의 정답(목표)만을 고집해서는 안 된다. 셀프리더십은 정답을 찾는 것이 아니라, 스스로 선택한 길을 자신의 정답으로 만들어 가는 사고방식이다. 지금까지는 많은 기업가가 하나의 정답을 구하는 방식으로 기업을 운영해왔다. 그러나 답을 알고 있는 문제를 푸는 방법으로 공식을 외우거나 익혀서 답을 도출하는 패턴으로는 기업의 생존이 어렵다. 학교나 학원 등의 교육에서 가르쳐 주는 것은 답을 알고 있는 문제가 대부분이지만 사회와 기업의 세계에서는 답이 없거나 모르는 문제가 더 많다. 그러므로 1+1=2와 같은 하나의 정답(목표)이 아니라 ○+△=2와 같이 복수의 답이나 여러 개의 답을 가져도 괜찮다는 생각을 가져야 한다.

기술, 연결성, 지식은 우리가 알고 있는 세계를 크게 변모시키고 있다. 무엇을, 어떻게 만들어야 팔릴까? 이에 대한 명확한 정답은 없다. 하지만 실패를 두려워하지 않고 기민한 행동으로 시행착오를 거듭하여 팔릴 수 있는 상품을 만드는 것처럼, 정답을 알 수 없는 가운데 정답인 것에 도달하는 능력을 키워나가는 것이 중요하다. 그러기 위해서는 자기중심으로 생각하고 답을 내는 것이 아니라, 셀프리더십처럼 유연한 사고와 행동으로 타인의 사고방식과 변화와 기술 등을 받아들이고, 질문을 통해 스스로가 답을 만들어 가야 한다. 이것이 정답이 없는 변화의 시대에 기업이 살아남는 무기다.

2부

현장을 아는
곤충의 눈을 가져라

"죽어가는 사람에게는 상처가 생기지 않는다. 흉터는 내가 살아남았다는 것을 의미한다."

– 영국의 작가 겸 언론인 크리스 클리브(1973~)

남이 모르는 틈새시장을 노려라

"월마트와 경쟁하고 살아남는 비결은 현지 시장에서 자신의 강점을 활용할 수 있는 틈새나 주머니에 사업을 집중하는 것이다."

– 『월마트 방식』의 저자 마이클 버그달

모든 유기체에는 고유한 틈새가 있다. 자연 생태계를 보면 약자가 강자의 약점이나 틈새를 포착하여 살아가고 있다. 사자의 경우, 무게가 1톤이 넘는 기린을 사냥하기 위해 길쭉한 다리 때문에 균형을 잡기가 어려운 기린의 약점을 파악하고 기린을 일부러 산악 지형이나 진흙투성이의 지형으로 유인하여 매달리기를 이용해 기린을 쓰러뜨려 사냥에 성공한다. 나비는 새로부터 포식당하기 어렵게 직선이 아닌 바람에 휘날리듯이 불규칙적으로 날아 생존하고 있다. '강한 것은 단순하게, 약한 것은 복잡하게', 이것이 자연 생태계로부터 배울 수 있는 승부의 철칙이다.

기업의 세계에서도 언뜻 보면, 돈벌이가 되지 않을 것 같은 데도 계속 돈 버는 기업이 있다. 그 비법은 바로 눈에 보이지 않은 틈새를 찾아내었기 때문이다. 이를 마케팅 용어로 '니치 (Niche) 전략'이라고 말한다. 틈새 전략으로 일컬어지는 니치 전략은 경쟁하지 않고 한정된 시장에서 점차 수익을 올리는 것을 말한다. 피터 드러커는 『이노베이션과 기업가 정신』의 책에서 니치 전략을 '생태학적 틈새(Ecological Niche)'라고 표현하였는데 이는 강한 상대와 구별하여 눈에 띄지 않는 시장에서 독점적으로 경영한다는 의미로 사용한 것이다.

니치란 원래 장식품을 장식하기 위해서 사원 등의 벽면에 마련한 구덩이를 의미한다. 이것이 진화하여 생물학의 분야에서는 '어느 생물의 종이 생식하는 범위의 환경'이라는 의미로 사용되고 있다. 마찬가지로 중소기업이 살아남으려면 경쟁이 덜한 환경을 찾아내는 전략이 필요하다. 중소기업이 거대 조직과 자본을 지닌 대기업과 경쟁해서는 살아남을 확률이 매우 낮다. 약한 자가 강한 자보다 몇 배 더 노력하면 이길 수 있다고 하지만 현실적으로 그런 사고방식은 통하지 않는다. 이 때문에 중소기업이 살아남기 위해서는 대기업이 진입할 수 없고 남이 모르는 틈새시장을 노리는 생존전략이 필요하다.

니치 전략은 바로 중소기업이 살아남을 수 있고 수익성을 한층 높일 수 있는 뛰어난 경영전략으로 꼽힌다. 니치 시장은 시장규모는 작아도 잘만 하면 넘버원이 될 수 있는 시장이다. 진입장벽이 높아서 틈새시장 진출에 성공하기만 하면 독점시장을 형성할 수가 있다. 그렇게 되면 가격이나 정보 등 모든 면에서 경쟁 회사보다 비교우위에 설 수 있게 되어 높은 수익을 올릴 수 있는 환경이 갖추어지게 된다. 그러나 전문성이 높은 기술이나 노하우가 없으면 시장에 참가할 수 없는 분야다.

그런 점에서 중소기업은 높은 진입장벽을 극복하기 위한 독자적인 경영 노하우나 기술 노하우의 축적이 필요하다. 독자적인 노하우를 축적하려면 끊임없는 경영개선을 해야 한다. 회사의 실적 개선, 제품개발, 서비스 개선 등 지속적인 경영개선을 통해서 회사의 강점을 살려가야 한다. 자연 생태계에서처럼 니치를 획득한 자만이 살아남을 수 있는 환경을 만들어 나가야 한다.

그러나 니치 전략도 여타 전략처럼 장단점을 가지고 있다. 가장 큰 장점은 고수익을 가져다준다는 점이며, 사업의 고수익화는 니치 시장의 최대 장점이다. 매력적인 상품이나 서비스로 무한경쟁의 상황을 만들면 대체할 상품이 없기 때문에 고객은 해당 기업이 원하는 가격에 물건을 구매해 준다. 물론 지나친 가격 설정은 논외겠지만, 고객가치에 맞는 가격이라면 기꺼이 돈을 지불하게 될 것이다.

단점은 매출을 올리는 데 한계가 있다는 점이다. 니치란 한 정적인 시장이기 때문에 그 상한을 넘어 많은 사람이나 기업이 사용하게 되면, 틈새시장에서 일반시장으로 바뀌게 된다. 그렇게 되면 경쟁이 생겨 고수익의 사업을 유지할 수 없다. 이 같은 경우에는 어떻게 해야 할까? 니치 전략에서 차별화 전략으로 옮겨야 한다.

스타벅스는 흡연율이 70%를 넘는 환경에서는 30% 이하의 비흡연자와 천천히 커피를 즐기고 싶은 사람을 대상으로 한 틈새시장으로 비즈니스를 전개하였다. 그러나 지금처럼 비흡연율이 80%에 달하자 비흡연용 카페가 일반시장이 되면서 니치 전략이 통하지 않게 됨에 따라 회사는 차별화 전략으로 전환해 승승장구하고 있다.

이처럼 니치 전략은 여러 가지 장단점에도 불구하고 중소기업에게는 많은 메리트가 있는 유용한 전략이다. 니치 시장의 구축은 중소기업의 안정적인 경영을 실현하는 가장 빠른 길이라고 해도 과언이 아니다. 주변에서 보면 처음엔 틈새였던 시장이 성장과 함께 거대한 시장이 되는 일도 드물지 않게 볼 수 있다. 플랫폼 기업 GAFA(구글, 애플, 페이스북, 아마존)도 처음 틈새시장으로 시작했다. 아마존의 경우 틈새시장인 전자상거래로 시작했다가 이제는 거대한 플랫폼 회사로 성장하고 있다.

21세기는 세포분열과 같이 다양화되고 있는 변화와 스피드 시대다. 대내외 환경이 빠르게 변화하면 반드시 틈이 생긴다. 거기에 비즈니스 기회가 있다. 그런 틈새시장을 찾으면 가격결정권을 쥐게 되어 넘버원의 지위에 올라설 수 있다. 그러기 위해서는 작은 기업은 경영개선에 힘쓰고 틈새시장의 높은 진입장벽을 극복하기 위한 자체 노하우를 축적해 나가야 한다. 그러나 주의할 것이 있다. 틈새시장이라고 해서 다 성공하는 것은 아니다. '틈새'에 너무 많은 시간을 할애하고 '시장'에는 충분한 시간을 할애하지 않는다면 니치 전략은 결코 성공할 수가 없다.

당신의 기업은 효율적인 조직인가?

"좋은 시스템은 목표에 이르는 길을 단축한다."

– 미국의 작가 오리슨 스웨트 마든(1850~1924)

가장 효율적인 조직을 꼽으라면 군대와 교회를 들 수 있다. 그러나 오늘날 기업은 시장경제 내에서 가장 효율적인 조직으로 알려져 있다. 경제학자 로널드 코즈(Ronald Coase)는 "기업이 왜 존재하는가?"라는 질문에 대해 시장에서 거래에 따른 비용 절감을 시장 기구에 의한 것보다 기업조직이 더 효율적이기 때문이라고 주장한다. 그러나 실제 기업에서는 비효율적인 운영이 발생하여 기업의 효율성과 생산성을 떨어뜨리고 있다. 몇 가지 사례를 살펴보자.

사례 1. 열심히 일하는 직원 vs 덜 일하는 직원

기업에는 일을 열심히 하는 직원이 있는가 하면 그렇지 않은 직원도 있다. 열심히 일하지 않은 직원은 기업의 실적이 악화되거나 합병되었을 때 제일 먼저 해고가 되겠지만, 실적이 좋거나 성장단계에서는 그런 일이 잘 발생하지 않는다. 있다 해도 기껏해야 승진 누락이나 한직으로 밀려나는 경우가 대부분이다. 거기에는 개별기업에서 이들 개개인의 실적을 측정하기가 어렵다는 현실적인 문제가 있다. 만일 직원의 수가 적은 중소기업이라면 개개인의 성과측정이 가능하겠지만, 큰 규모의 대기업에서는 사실상 어렵다. 그래서 목표달성률을 기준으로 평균을 내서 직원들의 성과를 평가해 버리는 경우가 많다. 오히려 일을 잘하지 못하더라도 상사 자신이 채용한 직원이거나 연고, 동문, 이해관계인 등과 연결된 직원들에게 높은 평가를 주는 불공평한 측정이 발생한다.

사례 2. 나쁜 뉴스를 애써 보고하지 않는 관습

많은 기업에서 행해지는 관습 중 하나가, '나쁜 뉴스가 상사에게 전해지는 것을 막으려고 하는 것'이다. 나쁜 소식을 상사에게 보고했을 경우, 보고한 사람이 문제를 일으킨 장본인인 것처럼 취급당하는 경우가 있다. 이는 기업 내의 정보전달을 오도하는 사례다. 그래서 기업가는 정확한 판단을 하지 못하거나 타이밍을 놓쳐 일을 그르치는 경우가 종종 발생한다. 훌륭한 기업가는 자신의 의견을 말하지 않고 직원의 의견을 먼저 듣고 자신의 견해와 비교하여 기업을 이끌어 간다. 그러나 대부분의 경우 부하직원들에게 자기의 생각과 의견을 강요하고 의견에 반대하는 부하직원이 있으면 불이익을 주기도 한다. 그 결과 그 기업에는 예스맨이 넘쳐나고 사내 커뮤니케이션이 잘 안 되는 비효율적인 조직으로 전락하게 된다.

사례 3. 불필요한 회의

많은 기업에서는 아직도 불필요한 회의가 반복되고 있다. 기업에서 행해지고 있는 회의는 참가 인원이 너무 많고, 회의 시간도 너무 길며, 열리는 빈도가 너무 높다는 것이 문제점으로 지적되고 있다. 심지어 대부분의 회의는 결론이 나지 않아 낭비되는 회의가 80%라는 통계까지 나오고 있다. 업무보고나 정보공유는 전 직원에게 메일로 보내도 충분한데도 굳이 회의하거나 회의 자체를 좋아하는 기업 CEO가 있다. 물론 회의는 필요하다. 그러나 알맹이 없는 불필요한 회의는 시간 낭비일 뿐만 아니라 효율을 저해하기 쉽다. 회의 시간이 1시간이라고 해도 회의실로 이동하거나 준비, 회의록 작성 등을 감안하면 시간은 더 늘어날 것이다. 만일, 이 시간이 완전 낭비였다고 가정할 경우, [걸린 시간×참가자 수의 노동력]이 쓸데없이 낭비되어 버리는 셈이 되고 만다. 특히 우리나라 기업의 회의문화는 독특한 것으로, 이것이 야근이나 잔업으로 이어져 업무의 효율성을 저해시킨다는 비판이 제기되고 있다.

사례 4. 대면보고의 선호

각종 문서가 전자화되고 디지털로 연결되는 오늘날에도 어떤 조직이나 기업은 전자결재 대신 종이결재나 대면결재를 고집한다. 심지어는 대면보고를 먼저 한 후 다시 전자결재를 하는 경우가 있다. 기업은 신속한 의사결정이 생명이다. 그래서 기업마다 큰 비용과 노력을 들여서 전자결재시스템을 도입하고 있다. 전자결재시스템은 언제 어디서든 결재를 할 수 있고 의사결정을 빠르게 할 수 있을 뿐만 아니라 문서관리가 편리하다는 장점이 있다. 맥도날드는 전 세계 어디든지 아주 빠른 속도의 잘 짜인 업무 프로세스를 갖추어 어떤 상황에서든 직원들에게 가장 효율적인 안내를 해 주고 있다. 이 프로세스를 통해 회사의 업무 효율성을 향상하고 높은 성과를 얻고 있다. 이 밖에도 재택근무가 비용을 절감할 수 있으나 관리상의 이유로 채택하지 않는 경우도 비효율적인 행위들에 속한다.

이처럼 기존의 경제이론은 가장 효율적인 기업조직을 전제로 기업의 최소비용 곡선을 상정하고 있지만, 기업 현실을 보면 경영능력의 부족, 근로 의욕의 저하, 경영조직 등의 잘못으로 오히려 비용이 상승하는 비효율적인 조직운영이 버젓이 이루어지고 있다. 이 최소의 비용과 현실과의 차이를 미국의 경제학자 라이벤슈타인은 X-비효율성이라고 말하고 있다. 그는 조직운영의 효율성과 개인의 열정이 경제적 성과 차이에 더 크게 작용한다고 주장한다. 똑같은 조건이라도 흥미롭게 일하는 조직은 X-효율성이 높고 결과적으로 성과도 더 크다는 것이다.

마지못해 일함으로써 낮은 성과를 내는 조직의 X-비효율성을 제거하기 위해서는 조직운영에 성과를 객관적으로 측정하기 위한 요소를 도입하거나 직원들에게 인센티브 부여 등의 다양한 수단의 도입에 힘써야 한다. 생존이 화두가 되는 지금은 낭비되는 한 푼의 비용이라도 절감하고 성과 중심으로 열심히 일하는 풍토를 만들어 가야 효율적인 기업조직이 되고 기업 생산성이 높아질 수 있다. 강조하지만 조직은 '완벽'에 관한 것이 아니다. '효율성'에 관한 것이다. 효율이 높아야만 조직이 살아남는다.

비효율적인 회의 방식을 바꾸어라

"회의를 즐기는 사람은 아무것도 맡지 말아야 한다."

― 미국의 경제학자 토마스 소웰(1930~)

'이 회의, 정말 낭비야.'

조직이나 기업에서 일하는 사람이면 누구나 한 번쯤 그렇게 생각한 적이 있을 것이다. 지루하게 이어지는 회의, 엉뚱한 방향으로 탈선하는 회의, 아무것도 결정되지 않은 회의, 그들만이 말하는 회의, 이런 비효율적인 회의사례는 헤아릴 수 없이 많다.

그러나 성장하고 있는 회사의 회의는 뭔가 다르다. 자사의 가치관이나 기업풍토에 입각한 독특한 방식으로 회의의 효율성을 높이고 있다. 여기에서는 초우량 글로벌 기업 3개 회사에서 시행되고 있는 회의방법을 소개하고자 한다.

1. 애플

애플의 회의는 단순한 상견례나 커뮤니케이션의 장소가 아닌 이노베이션의 장소다. 이노베이션을 실현시키기 위해

1-1. 가능한 한 참가 인원을 적게 한다. 회의의 참가 인원이 많아지면 여러 가지 의견이 엇갈려 좋은 결론을 낼 수 없다고 생각하고 있기 때문이다. 애플의 강점인 심플하고 세련된 디자인은 회의의 방식에서도 지지를 받고 있다.

1-2. 회의에 참여할 이유가 있는 멤버만을 참가시킨다. 회의에 필요가 없는 멤버는 회의 중에도 가차없이 쫓아낸다. 회의에 필요한 멤버란, '관계자'가 아닌 '핵심 당사자'다. 멤버에게는 어려운 방법일지도 모르지만 정말로 필요한 멤버만으로 철저한 논의를 실시함으로써 최고의 결론을 추구하고 있다.

1-3. 회의에서 결정된 사항에는 반드시 '책임자'를 지명한다. 그 책임자를 사내에서는 직장의 책임자 DRI(Directly Responsible Individual)라고 불러 회의 후에는 DRI가 각 액션플랜에 대한 책임을 지고 다음 회의에서 상황을 보고하게 한다.

1-4. 과제에 철저하게 대응하게 한다. 회의에서는 참신한 아이디어를 낸 멤버에게 그 자리에서 확실히 주장할 수 있게 한다. 그 때문에 형식적인 프레젠테이션 툴의 사용을 일절 금지하고 멤버 전원이 과제에 몰입하여 모든 각도에서 철저하게

논의하도록 유도한다.

2. 구글

구글의 회의는 '데이터를 통해 의견을 발표하고, 문제를 논의해 판단을 내릴 수 있는 가장 효율적인 장소'여야 한다는 믿음을 가지고 있다. 그 실현을 위한 회의규칙은 매우 심플하고 합리적이다. 특히 '스마트 크리에이티브(Smart Creative)'라고 불리는 인재를 통해서 자신이 가지는 전문성을 무한의 아이디어와 결합해 궁극적으로 사용자의 시선으로 사물을 볼 수 있도록 유도한다. 그 방식은 다음과 같다.

2-1. 의사결정을 회의까지 기다리지 않는다. 회의는 의사결정의 장소가 아니고, 사람과 사람이 얼굴을 맞대고 의논하기 위한 장소라고 생각하고 있다. 회의의 설정에는 멤버의 스케줄 조정이 필요하기 때문에 의사결정을 일부러 회의까지 기다려서는 신속한 결단을 할 수 없다. 그래서 스탠딩 회의로도 의사결정을 한다.

2-2. 데이터에 기초하여 논의한다. 회의의 결과물을 최대화하기 위해 회의는 모두 데이터에 근거해 논의되도록 한다. 결정 사항의 뒤에는 반드시 그 근거가 되는 데이터가 있기 때문에 이른바 정치적 흥정이나 "목소리가 큰 사람의 의견이 통한

다."라는 것은 있을 수가 없다.

2-3. 5분 10분 단위의 회의 시간을 설정한다. 5분 10분 단위의 회의도 회의로서 인정되어 스케줄화 되고 있다. 이렇게 함으로써 틈나는 시간도 유용하게 활용할 수 있게 되고, 신속한 의사결정이 가능해져 일의 진행방식을 효율화하고 있다.

2-4. 회의에 거대한 타이머를 반입한다. 회의에서는, 모든 멤버에게 '시간의 경과'를 인식시키기 위해서 참가자 전원이 보일 정도로 큰 타이머를 설치하고 있다. 그렇게 하여 멤버 전원이 시간을 의식해 논의에 집중하여 시간 내에 회의의 목적을 달성시키고 있다.

3. 아마존

아마존의 회의는 "복잡하게 사고하고, 심플하게 발언하라 (Think complex, Speak simple)."가 모토다. 심플하게 말하려면 충분한 준비가 필요하다. 이 때문에 아마존은 회의준비를 중요시하고 있다.

3-1. 회의는 '30분 침묵'부터 시작한다. 회의의 처음 30분의 시간 동안 각자가 리포트 용지 4~6매의 '회의 해설서(meeting narrative)'라고 불리는 서류를 검토하게 한다. 이것은 회의의 목적을 참가자 전원에게 명확하게 설명하여 모두가 논의에 집

중하도록 하기 위한 것이다.

3-2. 회의 참석자 수를 적게 한다. '피자 두 판의 규칙(Two Pizza Rule)'을 회의에 적용하여 전체 회의 참석자의 수를 두 판의 큰 피자로 때우기 충분한 인원으로 제한하여 최대인원이 8명을 초과하지 않도록 한다.

3-3. 회의 자료에 파워포인트는 사용하지 않는다. 파워포인트는 '어디까지나 프리젠테이션용의 도구이지, 회의의 도구가 아니다.'라는 생각 때문이다.

3-4. 회의실 빈자리에 한 석을 준비한다. 이 공석은 아마존의 고객 자리로 항상 고객의 의향을 최우선으로 논의해 결단을 내려야 한다는 아마존의 신념을 나타내고 있다. 이 점을 항상 의식하도록 회의의 참가자에게 요구하고 있다.

이렇듯 잘 나가는 글로벌 기업은 회의에 따른 비효율성을 최소화함으로써 생산성을 높이고 있다. 단지 회의를 위해서 많은 시간을 낭비하고 있는 우리나라 기업과는 크게 대조되고 있다. '왜 이 회의를 하는 것인가?'라는 문제 제기에서 회의의 방식만이라도 진지하게 개선한다면 당신 회사의 효율성은 크게 향상될 것이다.

80% 성과를 낼 수 있는 20%에 집중하라

"가장 중요한 것이 가장 중요하지 않은 것에 좌우되어서는 안 된다."

— 영국의 컨설턴트 겸 『80/20 법칙』의 저자 리처드 코치(1950~)

만일 어떤 기업이 높은 성과를 내고 싶다면 어떻게 해야 할까? 많은 사람은 남보다 열심히 일해야 한다고 말한다. 그러나 비즈니스 세계에서는 아무리 성실하게 일을 해도, 누구보다도 늦게까지 일을 해도 성공을 다 가져다주지는 않는다. 똑같은 일을 해도 어떻게 하느냐에 따라 사람마다 생산성과 성과에서 큰 차이가 있다. 예를 들면 세계 제일의 부자인 빌 게이츠는 마이크로소프트사의 직장 안에서 누구보다 많이 일한 것은 아니다. 그가 부자가 된 것은 100만 배의 가치가 있는 일에만 초점을 맞추고 힘을 쏟아 온 결과다.

이러한 성과의 차이를 내는 법칙의 하나가 80:20 법칙으로 불리는 파레토 법칙이다. 이탈리아의 경제학자이자 사회학자인 파레토(Vilfredo Federico Damaso Pareto)는 유럽 각국과 미국의 통계데이터에 근거하여 이탈리아 상위 20% 인구가 80% 땅을 소유한다는 소득분배의 불평등 현상을 1896년에 스위스 로잔대학 논문집에 발표했다. 여기서 그는 경제·사회체제가 다른 나라에서도, 또 다른 시기에도 소득금액 x와 x 이상의 소득이 있는 사람의 수(Nx)를 통해서 'Nx =Ax−α'라는 식이 성립된다고 지적했다. (A는 상수, α는 파레토 계수로 값이 클수록 부의 배분이 불평등함을 나타낸다).

그 뒤 미국의 경영컨설턴트인 조셉 M. 쥬란(Joseph Moses Juran) 박사는 이러한 보편적 현상을 품질관리에 적용할 것을 제창하고, 이 현상을 '파레토 법칙(Pareto principle)'이라고 불렀다. 파레토 법칙은 나라와 시대의 제도적 문제가 아니라 경험법칙인 일종의 사회적 자연현상으로 현재는 소득분배뿐만 아니라 품질관리, 재고관리, 매출관리, 마케팅 등 여러 분야에서 활용되고 있다. 그 핵심은 개인이든 기업이든 높은 생산성과 높은 성과를 내려면 가치가 높은 곳에 선택과 집중을 해야 한다는 메시지를 담고 있다.

문제는 누구나 아는 매력적인 법칙이지만 실제로 이를 실행하는 사람은 10%도 되지 않는다는 점이다. 80% 성과를 내기 위해서는 20%의 행동에 집중해야 한다는 이 법칙이 시사하는 것은 '최우선 사항의 우선'이라는 생각의 중요성이다. 수학적으로 계산해보면 성과를 내는 20%의 행동을 100%로 가정하면 80%의 성과는 5배인 400%가 되므로 최소한 4배의 성과를 얻을 수 있다. 여기서 성과에 직접 연결되는 행동이 무엇인가를 생각해 보자. 그것은 최우선 사항 중에서 가장 우선하는 것을 항상 생각하고 이를 실천하는 것이다. 역으로 성과가 나쁜 업무에 힘을 집중하는 것은 시간 낭비일 뿐이므로 과감히 무시해야 한다.

가령 어느 기업이 100이라는 한정된 자원을 가지고 5개 사업영역에 골고루 20%씩 균등하게 할당하기보다는 가장 경쟁력이 있는 1~2개 영역에 80%의 비중을 투하해야 높은 성과를 거둘 수 있다. 우리 주변을 보면 파레토 법칙처럼 20%가 80%를 차지하는 것들이 매우 많다.

- 근로자의 20%가 매출의 80% 이상을 벌어들인다.
- 일의 성과의 80%는 소비한 시간의 20%에서 나온다.

- 고객의 20%가 이익의 80%를 낳고 있다.
- 불량 전체의 80%는 20%의 원인에서 유래한다.
- 과학자의 20%가 획기적인 발견과 발명의 80% 이상을 만들고 있다는 등등 셀 수 없을 정도다.

한 나라의 부나 기업의 매출 등에 있어서 그 대세는 소수의 요인에 의해서 결정된다는 이 경험법칙은 결정적으로 중요한 소수의 일로 압축했을 때, 적은 인력으로도 큰 성과를 거둘 수 있음을 말해 준다. 그러므로 오늘날 시대는 무조건 노력하는 것이 미덕이 아니다. 오히려 핵심적인 곳에 집중하는 것이 더 중요하다. 그래서 최소노력으로 최대의 성과를 거두도록 해야 한다. 그런데도 많은 기업가와 직장인들은 상당한 시간을 낭비하고 여러 가지 일에 너무 손을 대거나 소모적인 일에 힘을 쏟고 있다.

기업가가 정말 가치 있는 일을 하고 비즈니스를 더 성장시키고 싶다면 어떻게(20%) 노력해야 높은 성과(80%)를 낼 수 있는가? 오늘 하루 일의 내용을 내다봤을 때 '가장 효과가 나오는 20%는 어디인가?'를 먼저 생각해야 한다. 이렇게 생각하게 되면 다음에 무엇을 해야 할지 깨닫게 되고, 기업이나 조직의 경우는 이익이 증가해 효율이 올라가게 될 것이다. 성공한 사람들을 보면 한결같이 이 법칙을 잘 이해하고 실천하고 있는 사람들이다.

그러므로 '80% 성과를 낼 수 있는 20%에 집중하라.' 그러면 여러분은 아주 적은 시간으로도 놀랄만한 성과를 만들어 낼 것이다.

민첩한 의사결정을 위한 우다루프 전략

"민첩성은 변화에 적응하고 대응하는 능력이다. 민첩한 조직은 변화를 위협이 아닌 기회로 본다."

— 미국의 소프트웨어 엔지니어 짐 하이스미스(1945~)

세계적 기업인 애플, 페이팔, 유튜브, 아마존의 압도적인 시장지배력은 어디에서 나왔을까? 또 세계 인구의 0.2%에 불과한 유대인이 세계 각지에서 중추적인 활약을 할 수 있는 원동력은 어디에 있을까? 이들의 공통점을 전략의 측면에서 찾아본다면 우다루프 전략의 실행으로 귀결된다. 우다루프(OODA LOOP) 전략이란 Observe(관찰)—Orient(방향)—Decide(결정)—Act(행동)로 구성된 의사결정 순환과정 모델로 불완전한 정보 속에서 빠른 의사결정을 하고 잘못된 의사결정을 수정해 가는 전략을 말한다.

이 전략은 한국전쟁과 베트남 전쟁에 참전하기도 했던 미국 공군 조종사 존 보이드(John Boyd)가 개발한 군사이론이다. 그는 한국전쟁(1950~1953) 당시 미국의 전투기 F-86가 성능 면에서 중공군이 사용하는 소련제 MiG-15보다 뒤떨어졌음에도 불구하고 10:1의 승률로 압승을 거둘 수 있었던 이유를 F-86기는 조종사의 시야가 양호하여 주위의 상황을 올바르고 재빠르게 판단하여 신속히 대응할 수 있기 때문이라고 보았다.

이 이론을 확장하여 존 보이드는 전쟁이론을 연구하기 시작했고, 다양한 전략사상 논문을 발표했다. 그의 전략사상의 핵심인 우다루프 모델은 군사 분야를 넘어 기업경영이나 조직 운영 등에서 폭넓게 활용되고 있다. 예를 들면, 기업경영에서는 환경의 변화나 예상외의 현상에 신속하게 대응하기 위해서 우다루프 전략을 채택하고 있다. 여기에서는 기업에 있어서 우다루프 전략의 과정과 중요성에 대해서 살펴보기로 한다.

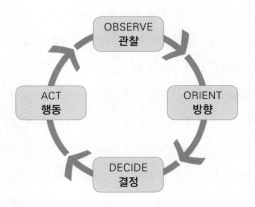

〔그림 7〕 우다루프 전략

1. 관찰하라

발견은 관찰에서 시작한다. 사람들은 매일 걷고 행동하면서 많은 것을 보고 있지만 관찰하는 사람은 거의 없다. 모두가 보고 있지만 많은 사람이 보고 있지 않은 가운데 관찰자는 관찰을 통해서 통찰력을 키우고 새로운 것을 발견한다. 성공한 사람은 관찰의 거듭된 경험을 통해서 일상에서 순간을 포착해내는 힘을 기르며 다가오는 미래의 기회를 선점한다. 특히 요즘과 같이 급변하는 환경 속에서 기업가는 상황이 어떻게 전개되는지를 알아보기 위해 작은 것에도 세심한 주의를 기울이고 이례적인 것에도 촉각을 곤두세워야 한다.

2. 방향을 잡는다

시작하는 방향이 인생의 미래를 결정한다. 사람들이 용기를 내어서 아무리 열심히 일해도 목적과 방향 없이는 원하는 것에 다다를 수 없다. 배가 바람을 타고 때로는 역풍을 거슬러 계속 항해를 하는 것은 목표로 한 항구가 있기 때문이다. 마찬가지로 사람에게 중요한 것은 자신이 어디에 서 있느냐가 아니라 어느 방향으로 나아가느냐에 있다. 그런 점에서 보면 속도보다 방향성이 더 중요하다. 속도는 잘못된 방향으로 빨리 갈 수가 있다. 방향 설정은 모든 정보를 취합해 맥을 잡는 것이다. 불확실성과 예측 불가능한 변화에 직면했을 때 방향 설정이 잘못되면 정세판단을 그르치거나 오류를 범하여 큰 낭패를 볼 수 있다. 이를 방지하기 위해서는 유의미한 정보와 무의미한 정보를 구별해서 예상되는 시나리오를 설정하고 시뮬레이션을 통해 검증하는 것이 중요하다.

3. 결정한다

인생은 우리가 내리는 결정에 따라 성공 향방이 결정된다. 우리가 사용할 수 있는 옵션이 너무 많아서 결정을 내리는 것이 때때로 벅차거나 혼란스럽게 느껴질 수 있다. 사람은 만능이 아닌 이상 올바른 결정을 내리기가 쉽지 않다. 그러나 결정을 미루면 기회는 영원히 사라지게 된다. 아무리 타당성이 인정되어도 때때로 의심을 하게 되면 변화와 관련된 선택을 하지 못하게 된다. 따라서 기회를 놓칠 수 있다. 그러나 기업가는 변화하는 상황에 대응하기 위해 신속히 의사결정을 내려야 한다. 그 이유는 빠르게 결단함으로써 주도권을 잡고 불확실성을 돌파해 나감으로써 미래를 선점할 수 있기 때문이다. 민첩하고 빠른 결정이야말로 기업가가 지녀야 할 가장 중요한 자질이라고 할 수 있다.

4. 행동한다

사람은 의심하고 두려워하면 움츠리게 된다. 행동하지 않는 것이다. 그러나 행동은 자신감과 용기를 북돋워 준다. 지식이 없는 행동은 쓸모없고 행동 없는 지식은 무익하다는 말이 있다. 그만큼 행동은 모든 성공의 근본적인 열쇠가 되고 있다. 철이 뜨거울 때 때려야 하는 것은 모두가 다 안다. 문제는 누가 뜨겁게 할 것인가다. 본인 자신이 때림으로써 뜨거워지도록 해야 한다. 승자는 경쟁자들보다 한발 앞선 민첩한 움직임으로 시장에서 고지를 장악해 간다. 예상외의 행동을 취함으로써 상대방을 추월하기도 한다. 결국, 기업의 성공이란 남다른 재능이나 아이디어의 차이가 아니라 자신의 선택한 아이디어에 배팅하고 예상된 위험을 감수하며, 이를 행동으로 옮기는 용기에 달려있다. 이처럼 행동의 차이가 승자와 패자, 혁신자와 추종자를 갈라놓는다.

우다루프의 전략대로 '관찰-방향-결정-행동' 4단계의 과정을 계속해서 반복하게 되면 기업가의 결단과 실행의 정확도가 높아지고 예상치 못한 사태와 환경 변화에 발 빠르게 대응할 수 있다. 그 결과 기업의 성장 속도를 한층 가속화할 수 있다. 우리가 잘 아는 넷플릭스는 DVD 우편 대여 서비스 회사에 불과하였지만 시대 흐름을 읽고 거대한 기업으로 성장했다. 반면에 세계 최대 자동차 회사였던 GM은 느린 의사결정으로 인해 100년이 넘는 역사에도 불구하고 파산 위기를 맞았다.

경영환경의 변화에 따라 다양한 원리를 공생시키는 우다루프 전략의 실천은 기업가에게 지속적 성장기반을 지탱하는 뛰어난 경영 시스템을 만들어 내고 있다. 현실을 받아들이고 그런 다음 최적화를 추구하는 우다루프 전략의 실천은 기업가의 필수 스킬(Skill)이자 뛰어난 경영 시스템을 구축하는 데 빠뜨릴 수 없는 툴(tool)이라고 해도 과언이 아니다. 실제, 필자가 기업컨설팅을 할 때 가장 역점을 두는 것도 이 우다루프 전략의 실천이다.

그렇지만 불확실성이 높아지는 경영환경에서 종래의 경영 수법인 PDCA 사이클을 결코 무시해서는 안 된다. PDCA 사이클은 Plan(계획), Do(실행), Check(평가), Action(조치)의 약자로 우다루프의 효과를 지지하는 기초가 되고 있다. 그러므로 기업이 각 PDCA 사이클에 우다루프 전략을 병용하는 것이야말로 불확실성을 극복하고 뛰어난 경영 시스템을 구축하는 가장 확실한 방법이자 비결이라고 할 수 있다.

우다루프 전략과 관련하여 민첩함을 의미하는 영어단어인 애자일(Agile) 연구가 1990년대 초부터 활발히 이루어지고 있다. 변화의 속도와 폭이 증가하고 많은 조직이 치열한 경쟁을 하는 환경 속에서 애자일은 조직의 생존을 위해 꼭 필요한 핵심역량으로 떠오르고 있다. 그만큼 기업이나 조직이 경쟁자보다 빠르게 기회를 포착하고 성공적으로 변화를 이끌기 위해서는 '민첩함'을 중요한 요소로 보고 있다. 만일 우다와 애자일을 결합한 새로운 전략이 나오더라도 그 기본전략은 민첩함에 있다. 그러나 너무 빨리 결정을 내리게 되면 상대적으로 위협에 직면할 위험이 크다는 단점이 있음을 잊어서는 안 된다.

리스킬링, 업스킬링, 크로스 스킬링 하라

"앞으로의 세계는 지식이 모든 생산수단을 지배하게 되며 이에 대비한 후세 교육 없이는 어느 나라든 생존하기 어렵다."

— 미국의 미래학자 앨빈 토플러(1928~2016)

인구감소와 DX(Digital Transformation) 시대의 도래, MZ세대의 등장은 기업뿐만 아니라 개인에게도 많은 변화를 초래하고 있다. 이러한 영향은 노동 시장에서 잘 나타나고 있다. 기업의 재화 생산에 필요한 요소는 노동력, 자본, 원자재, 기술 등이 있다. 이 중에서도 노동력과 자본은 생산요소의 핵심이다. 노동력은 생산품의 생산에 직접적으로 참여하는 인력을 의미하며, 자본은 생산시설과 생산에 필요한 기계, 장비, 원재료 등을 구입하기 위한 자금을 의미한다. 만약 다른 조건이 일정하다면 노동력과 자본이 증가하면 할수록 생산량은 늘어나기 마련이다. 기업이 생산량을 늘리기 위해 자본을 투입하여 공장을 짓고, 더욱 숙련된 노동자를 채용하려는 것도 이 때문이다. 문제는 노동력이다. 해를 거듭할수록 노동 시장이 크게 변화하고 있다.

우선, 세계적으로 학력별 취업구조를 보면 저학력의 미숙련 노동자와 고학력의 숙련 노동자가 높은 취업 비중을 차지하고 있어 U자형 형태를 띤다. 이는 중간 계층인 중간 교육수준의 노동자들이 구직 시 어려움을 겪고 있음을 의미한다. 이러한 구조는 제4차 산업혁명의 진전으로 더욱 가속화될 전망이다.

다음으로 높은 이직률이다. 미국의 경우, 2030년에는 노동력의 75%를 MZ세대가 채우게 될 것으로 예상된다. MZ세대들의 취업이 증가하면서 기업담당자들의 고민이 깊어지고 있다. 채용 후 어느 정도 일한다 싶으면 회사를 그만두기 때문이다. '제가요? 그래서요? 왜요?'로 특징되는 MZ세대는 확실히 기존 세대와는 큰 차이를 보인다. 그들의 높은 이직률은 보상에 대한 불만족, 배움의 부족, 기회의 부족도 있지만 자기 개성과 워라벨을 중시하는 그들만의 문화적 특성에서 기인한다.

또 다른 한편으로 노동 시장에서 생산가능인구가 계속 줄어들고 있다. 한국은 2020년을 기점으로 사망자 수가 출생자 수를 앞지르기 시작했다. 그 격차는 좀처럼 해소되지 않을 전망이다. 낮은 출산율과 고령사회로의 진입은 각 분야의 DX를 더욱 촉진하고 있다. 맥킨지는 2030년까지 영국 노동자의 3분의 2가 기본적인 디지털 기술이 부족할 것으로 전망하고 있다.

이처럼 노동 시장은 점점 더 치열해지는 경쟁 환경과 기술이 급속도로 발전하고 있는 제4차 산업혁명이라는 시대 속에서 크게 변화하고 있다. 업무의 디지털화와 자동화의 진행으로 노동력은 줄어드는데 이러한 변화에 대응할 수 없는 사람들은 일자리를 잃게 되고, 업무와 인재의 불일치라고 할 수 있는 DX를 추진하기 위한 고도의 지식과 기술을 갖춘 인재는 부족한 상황이다. 인재는 부족한데도 실업자는 늘고 기업은 인재의 부족으로 DX 추진이 더디어 생존이 위협받고 있다.

그렇다면 기업의 생존과 개인의 생존 측면에서 기업가와 개인은 어떻게 대응해야 할까?

그 구체적인 대응이 바로 리스킬링(Reskilling), 업스킬링(Upskilling), 그리고 크로스 스킬링(Cross Skilling)이다.

〔그림 8〕Skilling 교육과 훈련

1. 리스킬링

리스킬링은 동일한 조직 내 또는 여러 회사에서 완전히 다른 업무를 수행하기 위해 완전히 새로운 기술을 배우는 과정을 말한다. 단순한 '다시 배우기'가 아니라 앞으로 직업에서 가치 창출을 계속하는 데 필요한 스킬을 배운다는 점을 강조한다. 예를 들어, 군인이 제대 후 민간인 역할로 전환하려면 리스킬링을 통해 새로운 산업인력으로 재숙련될 수 있다. 특히 리스킬링은 DX시대의 인재전략으로 주목받고 있다. 세계 경제포럼(WEF)은 2025년까지 세계 전체 직원의 절반이 새로운 기술채택의 증가로 리스킬링이 필요할 것으로 전망하고 있다. 리스킬링 도입의 이점으로는 1) 업무의 생산성 향상, 2) 새로운 비즈니스와 새로운 아이디어 창출, 3) 채용 비용의 절감 등을 기대할 수 있다.

2. 업스킬링

업스킬링은 말 그대로 기술을 향상시키는 것을 의미한다. 리스킬링이 다른 직무에서 필요한 기술을 습득하는 것이라면, 업스킬링은 동일한 직무 내에서 기술을 향상시키기 위해 새로운 기술을 배우는 것을 말한다. 예를 들어, 마케팅 담당자가 AI 사용법을 배워 업무에 필요한 데이터를 분석하는 데 사용하거나 기업의 전략담당 임원이 새로운 전략을 도입하기 위해 MBA과정을 이수하는 것을 들 수 있다. 업스킬링은 조직의 재능 격차를 줄이기 위해 기존 기술을 강화하거나 보완적인 기술을 배우는 과정으로 1970년대 후반부터 등장하기 시작했다. 업스킬링이 필요한 이유는 IT가 계속 발전함에 따라 습득한 기술의 유용 기간이 점점 짧아지고 있기 때문이다. 따라서 새로운 기술이 계속 등장하면서 배우지 않고는 일을 할 수가 없고 이에 따라 업스킬링의 중요성은 더욱 커지고 있다.

3. 크로스 스킬링

크로스 스킬링은 교차 훈련이라고도 하며, 현재 가지고 있는 기술과 다른 분야의 기술을 습득하는 것을 말한다. 즉, 한 분야의 전문가가 다른 분야의 기술을 배워서 두 분야를 모두 이해할 수 있도록 하는 것이다. 예를 들어, 마케팅 기술을 가진 사람이 마케팅과 직접 관련이 없는 제품 개발기술을 습득하거나 UX 디자이너가 소프트웨어 개발원리를 배워 여러 기능의 협업과 생산성을 도모할 수 있다. 크로스 스킬링의 이점으로는 1) 다른 사고방식과 다른 지식과 경험을 얻을 수 있다는 점, 2) 다른 산업으로 이동하거나 같은 회사 내의 다른 부서를 쉽게 이동할 수 있다는 점, 3) 기술의 노후화에 대비할 수 있다는 점을 꼽고 있다.

위의 세 가지 스킬링은 최근에 많이 들어본 '인재 위기', '기술 부족', '기술 격차'를 해소하는 데 큰 도움을 줄 뿐만 아니라 특히 DX 대응에 매우 유용한 교육 기법으로 부상하고 있다. 세계적 유통기업 월마트는 아마존 등 온라인 시장의 공세 속에서 고전을 면치 못하였다. 그러나 이러한 스킬링 교육으로 위기를 극복할 수 있었다. 스킬링 교육은 기업가의 입장에서는 직원이직률의 감소와 이에 따른 비용의 절감, 직원의 해고와 재취업 방지, 업무 생산성 향상, 새로운 기술을 가진 인재확보라는 이점이 있다. 또한, 개인의 입장에서는 진로선택의 변경, 최신 자동화와 디지털화에의 적응, 직업에 대한 안정감을 용이하게 하는 장점이 있다.

앞으로 전개될 비즈니스 변혁에 맞춘 새로운 기능이나 기술 습득의 필요성을 감안하면 기존 직원에 대한 교육의 중요성은 더욱 높아질 것이다. 이미 글로벌 기업은 인재교육에 많은 노력을 아끼지 않고 있다. 참고로 미국의 통신 및 미디어 그룹인 AT&T사는 2018~2020년까지 3년 동안 무려 10억 달러(한화 1조 1천억 원)를 인재교육에 투자했다.

인간은 완전하지 않기에 교육을 통해서 새로운 지식을 배우고 스킬을 익혀야만 한다. 배움과 스킬은 생존을 위한 도구다. 전 산업에 걸쳐 DX는 빠르게 진행되고 있다. DX는 디지털 전환인데 전환이 아니라 변혁에 가깝다. 변혁도 단순한 변혁이 아니고 파괴적 변혁이다. 그래서 DX를 디지털 파괴(Digital Disruption)라고 부른다. 군인에게 가장 중요한 총을 오래가고 녹이 슬지 않기 위해서는 매일 닦고, 조이고, 기름을 쳐야 하듯이 회사나 조직에서 끝까지 살아남기 위해서는 끊임없이 배우고 익히고 실천해야 한다.

그런 점에서 "끊임없이 리스킬링 하고 업스킬링 하고 크로스 스킬링하라." 이것이 인구감소 시대, DX 시대, MZ세대 시대에 가장 단순하면서도 명쾌한 답이다.

제4차 산업혁명 시대의 인적자원관리

"시장에서 이기려면 먼저 직장에서 이겨야 한다."

— 미국의 '캠벨 수프 컴퍼니' 전 CEO 더그 코넌트(1951~)

인공지능, 사물인터넷, 빅데이터, 로보틱스를 활용한 제4차 산업혁명이 빠르게 진행되면서 보수적인 인사영역에도 변화의 물결이 일고 있다. 인사담당자들의 '인재가 없다'라고 느끼고 있는 것이 그 변화의 조짐이다. 지금까지는 조직이라는 상자 안에서 통제가 가능한 일을 했으나 이제는 모든 정보와 물건이 연결되는 시대를 맞아 일하는 방식에서 큰 변혁이 요구되고 있다. 그만큼 기업에서 인적자원관리(Human Resource Management: HRM)의 중요성이 커지고 있다.

제1차 산업혁명에서는 가내공업이 공장화함으로써 관리규

칙이 생겨났고, 제2차 산업혁명에서는 대규모 기업이 번창함으로써 단순 노동력이 대거 투입되었다. 제3차 산업혁명에서는 단순 노동이 아니라 컴퓨터를 사용하여 과제해결이나 새로운 대처를 할 수 있는 인재를 요구하게 되었다. 제4차 산업혁명은 과거 경험이나 축적된 지식 그 자체가 의미를 갖지 않는 새로운 발상과 대처를 요구하는 창의적인 인재가 요구되고 있다.

지금도 기업의 성과는 CEO 능력에 의해 크게 좌우되고 있다. 그러나 기업의 혈액에 비유되는 자금의 중요성이 커지면서 CFO(Chief Financial Officer: 최고 재무책임자)의 역할이 점차 확대되고 있다. 자금을 어떻게 조달하고 이를 효율적으로 배분할 것인가가 기업의 성패에 큰 영향을 미치기 때문이다. 앞으로는 인사와 일하는 방법을 전략적으로 생각하고 관장하는 CHRO(Chief Human Resources Officer: 최고 인사책임자)의 역할이 크게 주목을 받게 될 것이다. 제4차 산업혁명 시대의 도래는 기업의 최대 희소재인 인재가 경쟁력의 원천이자 경영의 전부라 해도 과언이 아니다.

이에 따라 인재를 어떻게 모아서 기업의 성과로 연결시켜 나갈 수 있을 것인가? 다시 말하면 기업 내에 '일하는 측(근로자)'과 '일하게 하는 측(기업)'의 쌍방의 시각에서 일하는 방법을 어떻게 새롭게 만들어 가야 하는가가 큰 과제가 되고 있다. 이와 관련하여 AI와 빅데이터로 대변되는 제4차 산업혁명 시대에서 효율적인 인적자원관리를 하려면 어떻게 해야 하는지를 살펴보자.

첫째, 개인 업적주의를 탈피해야 한다. 이제는 뛰어난 소수의 개인이 기업성과를 좌우하는 시대는 지났다. 급격한 변화의 시대에 비즈니스 모델의 유효기간은 짧아지고 이 속도를 쫓아가려면 개인만으로는 한계가 있다. 팀워크가 중심이 되어야 한다. 개인 업적주의의 가장 큰 문제는 생산성이 현저히 떨어진다는 데에 있다. 개인이 혼자서 일을 끌어안음으로써 시간이 부족하고 결과적으로 장시간 노동에 빠지게 되어 업무 스트레스와 각종 질환을 증가시켜 낮은 생산성으로 연결되기가 쉽다. 또한, 개인 업적주의는 조직 내 의사소통을 줄이는 부작용이 있다. 이런 점에서 개인 업적주의 대신 개인의 역량을 살려 팀을 중심으로 성과를 높이는 것이 제4차 산업혁명 시대의 매니지먼트다.

둘째, 인재육성과 교육의 충실화에 역점을 두어야 한다. 일의 부가가치를 제공하는 사람을 피라미드 구조로 보면 고부가가치 제공자, 중부가가치 제공자, 저부가가치 제공자로 나눌 수 있다. 그러나 중부가가치 제공자나 저부가가치 제공자는 언젠가는 로봇과 인공지능으로 대체될 것이다. 그렇게 되면 단순한 노동집약적인 조직관리에서 벗어나 지식집약조직으로 대응하는 기업만이 살아남게 될 것이다. 그런 점에서 기업은 시대가 요구하는 인재육성과 교육을 통해서 이노베이션을 창출할 수 있는 능력, 문제를 발견하고 해결하는 능력, 팀에서 일을 해 나가기 위한 커뮤니케이션 능력 등을 키워가야 한다. 우버, 에어비앤비, 아마존은 다른 분야의 기술과 사람을 조합하는 인사관리로 비즈니스의 방식을 바꾸어 성공하고 있다.

셋째, 개개인의 개성이나 감정을 배려해야 한다. 인간은 감각이나 감정, 심리상태, 신체적 상황 등이 개별적으로 달라서 1+1=2처럼 단순하게 나누어지지 않는다. 따라서 인적자원관리 측면에서 인간의 복잡성을 이해하고 개인의 감정이나 성격을 토대로 한 치밀한 관리가 필요하다. 과거의 상명하복식 하이어라키(Hierarchy)형 조직형태로는 더 이상 시대의 변화에 대응하기가 어려워지고 있다. 정보화 사회에서는 누구라도 최신의 정보를 획득할 수 있는 시대가 되어 새로운 것을 창조하는 것이 가능하게 되었다. 이런 상황에서 연공이나 경험은 덜 중시되고 오히려 개인의 독창적인 개성과 감성 능력이 중요한 요소가 되고 있다. 많은 기업에서 한 사람, 한 사람이 자율적으로 목표를 향해 행동하도록 하여 생산성을 높이는 자주 관리형 애드호크러시(Adhocracy)형 조직으로 바꾸어 가는 것도 이러한 배경 때문이다.

이처럼 제4차 산업혁명 시대에서 기업의 근로자는 단순히 지시만 따르는 수동적인 작업자가 아니라 창조성을 발휘하는 것이 요구되고 있다. 그런 점에서 기업은 잠자고 있는 자산을 고부가가치의 성과로 연결해야 나가야 한다. 최대의 잠자고 있는 자산은 바로 '인재'다. 그러자면 채용에서부터 교육, 배치, 평가, 처우, 일하는 방식 등에 이르기까지 지금까지의 테두리를 뛰어넘는 새로운 발상과 대처로 인적자원관리를 수행해야 한다. 그렇게 되면 통제를 하지 않더라도 근로자 개개인의 지원자 역할만을 수행해도 얼마든지 생산성을 높여갈 수가 있다.

창의성을 창출하는 것은 개인인가? 팀인가?

"위대한 일은 일련의 작은 일들이 모여 이루어진다."

– 네덜란드 출신의 화가 빈센트 반 고흐(1853~1890)

기업이 경쟁에서 살아남기 위해서는 항상 새로운 발상을 모색해야 한다. 대기업처럼 다양한 경험과 지식을 갖춘 유능한 멤버들이 많이 있어도 개인의 창의성은 잘 발휘되지 못하고 있다. 오히려 대기업보다 규모가 작은 스타트업 기업에서 기발한 아이디어 제품이 활발하게 나오고 있다. 페이스북, 우버 등과 같은 유니콘 기업은 새로운 발상을 통해 아주 짧은 기간에 글로벌 사업규모로 성장하고 있다.

대기업에서 혁신적인 비즈니스를 창출하기 어려운 원인 가운데 하나로 자유로운 분위기 조성이 어렵다는 점을 꼽을 수 있다. 아무리 좋은 아이디어가 있어도 결재를 받는 과정에서 의사결정권자는 '평가자'가 되어 리스크가 높은 아이디어를 배제하는 경향이 짙다. 회의에 부친다 해도 통과되는 것은 '무난하고 견실한' 아이디어만 남게 된다. 만약 새로운 사업부를 신설해 운영한다고 해도 '그것 해서 돈을 벌 수 있어?', '언제 투자회수할 수 있는데?', '우리 사업과 관계가 있어?' 이런 압력에 시달리게 되는 것이다.

결국, 최고경영진이 직접 관여하지 않으면 사내 압력에 굴복해 버리는 경우가 많다. 그 결과 멤버들은 회의를 통과시키려고 시장조사나 수지타산에 대한 시뮬레이션 등의 작업에 바쁘게 움직인 나머지 본래 시간을 들여야 할 사업개발 활동에 전념할 수 없게 된다. 그래서 신설 사업부는 보통 3년 이내에 없어지는 경우가 많다. 이처럼 큰 조직에서는 고객으로부터의 피드백을 얻지 않고 기존의 사업 평가 기준이 반복되는 지루한 회의시스템과 사내에서의 세세한 업무보고로 개인의 창의성을 발현하기가 어렵다.

그렇다면 기업이 새로운 발상을 위한 창의성을 높이기 위해서는 어떻게 해야 할까?

먼저 개인보다는 팀에서 찾을 것을 권고한다. 물론 스티브 잡스나 아인슈타인으로 대표되는 천재들이 혁신적인 발상을 만들어 내는 것을 보면 창의성은 개인에게 귀속된다고 생각할 수 있다. 그러나 개인보다는 팀이 새로운 발상을 만들어 내는 장치라고 주장하고 싶다. 그 이유는 팀이 지닌 높은 잠재능력 때문이다. 팀원이 여러 명 있다는 것은 생각의 틀이 여러 개 있다는 것을 의미한다. 그래서 팀의 각 멤버가 가진 전문성과 경험의 차이가 서로 다른 지식과 의견을 나오게 하고, 이로 인해 개인이 미처 갖지 못했던 지식의 폭과 깊이를 얻을 수가 있다.

하지만 새로운 발상을 만들기 위해서는 노하우가 필요하다. 서로 다른 멤버가 모인다고 팀이 성공하는 것은 아니다. 많은 기업이 팀제를 도입하고 있지만, 잠재력을 발휘하지 못하는 팀과 기발한 결합에서 새로운 발상을 만들어 내는 팀이 있다. 그 차이는 무엇일까? 그것은 바로 팀워크에 있다. 팀워크란 다양한 지식을 가진 다양한 사람이 모여 개인의 창의성을 능가하는 창조성을 만들어 내기 위한 최종무기다. 동시에 생각의 편견을 타파하는 최고의 도구다. 그러므로 팀워크에서는 단순한 정보량이 아니라 팀원 간에 일어나는 발상과 전개부터 서로 존경심을 갖고 다양한 각도에서 새로운 조합을 모색하는 것이 중요하다.

창의성에 있어서 팀의 이점은 또 하나 있다. 그것은 새로운 조합을 저해하는 사고의 틀을 개인보다 팀이 더 깨기 쉽다는 점이다. 사람들은 과거에 체득한 지식이나 성공 체험으로부터 사고의 틀을 만들어 낸다. 이 사고의 틀이 고착화하면 새로운 발상을 하기가 점점 어려워진다. 예컨대, 혼자 하는 작업에서는 무엇이 옳고 그른가를 판단하기가 어렵다. 팀의 강점은 다양한 멤버들 간의 지식 차이뿐 아니라 바깥 세계에서 얻는 멤버들의 정보의 차이로 인해 개인이 가진 사고의 틀을 유연하게 할 수 있다.

글로벌 스타 기업으로 불리는 많은 기업이 팀에서 시작했다. 구글은 래리 페이지와 세르게이 브린 두 사람에 의해서 창업되었다. 기획, 개발(엔지니어), 디자이너라고 하는 각각 강점이 있는 몇 명으로 팀을 구성해 회사 비전에 공감한 동료를 끌어들여 사업을 확대했다. 구글의 유명한 20% 룰(근무시간 중 최대 20%를 개인적으로 관심 있는 프로젝트에 쓸 수 있게 한 제도)은 현재도 프로젝트 단위로 팀을 만드는 방법으로 실천하고 있다.

아마존의 창업자인 제프 베조스는 '피자 두 판의 법칙'을 제창하여 두 판의 피자로 한 끼 식사를 해결할 수 있을 정도인 6~7명의 소규모 프로젝트의 팀제와 회의방식을 실행하고 있다. 제너널 일렉트릭 GE 또한 직원끼리 경쟁을 시키는 상대평가제를 폐지하고 'PD(Performance Development)@GE 앱'을 활용한 새로운 피드백의 인사제도를 도입했다. 모두 팀워크를 중시하고 협업을 통해 팀원의 잠재력을 끌어내어 창의성을 창출하기 위한 조치다. 이러한 사례들은 한 개인의 천재보다 팀이 더 창의성이 있음을 보여주고 있다.

갈등을 다이내믹한 혁신으로 승화시켜라

"당신이 가진 생각이 하나밖에 없다면, 그것만큼 위험한 것은 없다."

— 프랑스 철학자 알랭(1868~1951)

잘 나가는 기업이라 할지라도 내부의 갈등으로 인해 기업 이미지에 큰 타격을 입거나 심지어 법정 다툼으로 이어지는 경우가 있다. 처음에는 '별것 아니겠지.'라고 대수롭지 않게 여기다가 시간이 지나면서 큰 화로 번질 수 있다. 내부 갈등이 심각한 경우에는 조직의 업무 수행에 지장을 줄 수 있고, 직원들 간의 신뢰도가 하락하거나 불만이 증폭하여 문제가 커지기도 한다. 특히 직원을 해고할 때는 내부고발과 투서 등의 문제가 발생하고, 법정 다툼까지 갔을 때는 기업의 대외이미지가 추락하고, 법률적인 문제로 인해 큰 손실을 겪는 경우가 종종 발생하기도 한다. 그렇다면 기업 내의 갈등관리는 어떻게 해야 할까?

갈등은 칡과 등나무가 서로 얽히듯 좀처럼 풀리지 않는 상황을 의미한다. 갈등은 두 명 이상의 개인, 집단, 또는 조직 사이에서 의견이 충돌할 때 나타난다. 양쪽의 입장이 강하게 대립하는 상황에서 발생하므로 갈등을 해결하기는 쉽지 않다. 원인은 다양하지만, 가장 큰 원인은 서로 다른 인식, 방법, 목표, 가치관 등을 들 수 있다. 문제는 갈등을 보는 시각이다. 과거에는 갈등을 조직의 부정적인 요소로 인식하여 갈등을 방지하려고 했다. 그러나 지금은 조직의 다이내믹한 혁신성을 가져오는 긍정적인 요소로 재해석하고 있다. 조직 내 갈등을 슬기롭게 잘 해결하면 오히려 직원 간의 상호관계와 협력을 촉진하며, 높은 수준의 창조성과 혁신성을 이끌어 문제를 해결하는 기회가 될 수 있다.

갈등 해결 전략가인 토마스-킬만 박사는 갈등관리 유형을 '협력형, 협조형, 경쟁형, 회피형, 그리고 타협형'의 다섯 가지로 분류했다.

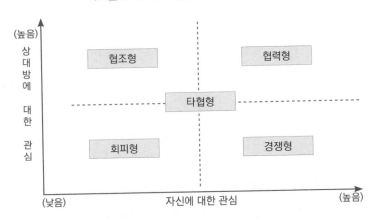

〔그림 9〕 토마스-킬만의 갈등관리 모형

기업 내 갈등이 발생했을 때 이에 대처하는 전략에는 다음과 같은 다섯 가지 유형이 있다.

① **협력형 전략:** 이는 자신과 상대방의 관심과 이익을 모두 고려하여, 양측 모두 동의하는 최선의 해결책을 통해 갈등을 해소하는 전략이다. 양측 모두 적극적인 자기주장과 협조적인 태도를 가지고, 모두가 만족할 해결책을 도출하는 것에 집중하여 갈등 상황 속 당사자 모두가 이익을 갖는 쌍방승리 상황을 만든다. 협력적 갈등관리는 자기주장을 내세우면서 갈등 해소를 이룰 수 있어 장기적인 효과를 내는 전략이지만, 갈등

을 해소하는 과정에서 시간과 비용이 많이 발생하고, 갈등 원인이 복잡하고 불명확한 상황에서는 진행하기 어렵다는 단점을 가지고 있다.

② **협조형 전략:** 이는 자신의 관심과 이익을 상대방에게 양보하거나 포기하여, 상대방의 관심과 이익을 충족시키는 방식으로 갈등을 해소하는 전략이다. 갈등 관리자는 자기주장을 내세우지 않고 상대방의 의견을 중심적으로 진행되며, 상대방의 승리, 자신의 패배 상황을 만든다. 협조적 갈등관리는 갈등 관계를 원만하게 해소하여, 상대방과의 관계를 우호적으로 만들 수 있다는 장점이 있지만, 자기주장을 포기함으로써 중요한 의사결정에서 자신의 관심과 이익을 충족하지 못한다는 단점이 있다.

③ **경쟁형 전략:** 이는 갈등 관리자가 자신의 의견을 공격적으로 내세워 자기중심적으로 갈등을 해결하는 전략으로 자신의 승리, 상대의 패배 상황을 만든다. 경쟁적 갈등관리는 상대방의 입장과 이익을 고려하지 않고, 자신의 욕구와 이익을 충족시킬 수 있는 행동을 유도하며, 필요한 경우에는 상대방의 희생을 강요한다. 원만한 갈등 해소가 어려운 상황에서 사

용하기 쉽고, 자신의 의견을 강하게 주장하며, 신속하게 갈등을 해결한다는 장점이 있지만, 상대방의 원망과 분노를 초래한다.

④ **회피형 전략:** 이는 갈등 해소에 적극적이지 않고, 갈등을 피함으로써 해결하는 전략이다. 회피적 갈등 상황에서 갈등 관리자는 자기주장과 협조를 거부하고, 문제 해결을 위한 대책 수립 대신 정신적, 물리적으로 갈등 상황을 이탈하는 것으로 문제를 해결하려는 형태를 보인다. 회피적 갈등관리는 갈등 해소 과정에서 발생하는 관계 피해를 멈추고, 갈등 상황이 악화되지 않게 유지하는 장점이 있지만, 근본적인 원인인 갈등 해소가 이루어지지 않은 상태가 지속되기 때문에, 상황 변화에 따른 갈등 관계 악화와 쌍방패배와 같은 더 큰 갈등의 피해를 초래할 수 있다.

⑤ **타협형 전략:** 이는 자신과 상대방의 공통된 관심을 중심으로, 서로 간의 양보를 주고 받는 방법으로 갈등을 해소하는 전략이다. 양측의 관심과 이익을 고려하여 중간 수준의 자기주장과 협조적인 태도를 갖고, 타협을 통해 쌍방이 승리하는 상황을 만든다. 성공적인 타협을 위하여 제3자의 개입이

나 표결 방법을 사용하기도 하며, 원만한 관계 유지와 동시에 상대적으로 신속한 갈등 해소가 가능하다는 장점이 있다.

이 중에서 토마스-킬만 박사는 '협력형 전략'이 가장 바람직한 방법이라고 주장하고 있다. 그러나 근본적인 해결을 위해서는 갈등을 초래한 당사자를 만나 직접 의견을 듣는 방법이다. 이때 주의해야 할 것은 편견을 갖지 않고 있는 그대로 받아들여야 한다는 점이다.

갈등 해결의 첫걸음은 '다르다'는 것을 인정하는 것이다. 다름을 인정한다는 것은 상대방의 의견이나 가치관을 이해하고 존중한다는 의미다. 사람마다 자신이 중요하게 여기는 가치가 있다. 그런데 우리는 자신이 중요하다고 여기는 가치나 목표가 다른 사람들에게도 똑같이 중요할 것이라고 종종 착각하기도 한다. 이로 인한 오류를 '비양립성의 오류(Incompatibility Error)'라고 한다. 서로 다른 관점과 가치관의 차이를 배타적으로 여기거나 양립할 수 없는 것으로 오해하여 갈등이 생긴다. "무슨 말을 하는지는 알겠는데, 그건 네가 아직 중요한 게 무엇인지 잘 몰라서 그러는 거야."라는 식으로 상대방을 무시하는 경우가 여기에 해당한다.

가치관이나 생각의 차이는 '다름'의 차원에서 접근해야지 '우열'이나 '옳고 그름'의 시각으로 접근해서는 상대와의 갈등을 피하기 어렵다. 주변에서 종종 정치 얘기를 하다 보면 개인 간의 견해차를 두고 치열하게 논쟁하거나 다툼으로 이어지는 것을 목격하게 된다. 이는 다름의 차이에서 비롯된 것일 뿐 옳고 그름의 차이에서 비롯된 것은 아니다. 만약 개인의 생각이 조직 전체가 추구하는 핵심가치와 다르다면, 또 어떤 부분에서 능력이 뛰어난 친구가 있는데 다른 일로 남에게 인정을 받지 못해 안타까움을 느낀다면 어떻게 할까? 역시 '다름'으로 받아들여야 한다. 각자 중요하게 여기는 가치와 목표가 다르므로 무엇이 옳다고 판단할 수가 없다. 그저 다를 뿐이다. 자기중심적인 잣대로 상대방을 재단하지 않고 다름을 인정할 때 비로소 갈등 해결의 실마리를 찾을 수 있다.

하버드 로스쿨 협상연구소의 갈등 해결을 위한 다섯 가지 단계는 다음과 같다.

① **인식의 변화:** 우리는 모두 편향된 정의감의 인식이 있다는 점을 인정할 것. 문제를 새롭게 인식하고 이해함으로써 갈등의 근본적인 원인을 파악하고 해결책을 찾는다.

② **공감과 이해:** 다른 사람의 시각에서 문제를 바라보고 그들의 입장을 이해하며 공감할 것. 누구나 나름의 기준이 있으므로 갈등의 원인과 배경, 상대방의 목적과 가치관 등을 이해하면서 상대방의 입장을 존중하는 태도를 보인다.

③ **타협과 보완:** 갈등을 상대방에 대한 위협이나 방어적인 자세로 풀려고 하지 말 것. 갈등을 해결하기 위해 서로가 양보하고 보완하는 방법을 찾는다.

④ **합의와 협력:** 갈등을 우리편, 상대편의 대립 구도로 만들지 말 것. 서로의 이익을 공유하고 함께 일하는 방법을 찾는다.

⑤ **대안 마련:** 더 깊은 이유와 문제를 끄집어내는 데 신성시되는 문제와 그것으로 위장된 문제를 구분할 것. 협상 불가 요소들은 신성시되거나 세속적으로 포장된 경우가 많으므로 구분하여 가려내고 협상이 실패할 경우 대안을 마련해 둔다.

이런 자세와 전략을 마련하면 당사자의 솔직한 의견을 듣게 되고, 조직 내의 잘못된 부분이 무엇이며 갈등과 충돌이 왜 발생했는지 찾을 수 있다. 이를 토대로 토론과 협상을 통해 문제를 해결하고, 조직구조 개편으로 이어지게 하는 것이 갈등 해결의 장기적 전략이다.

역사적으로 보면 직원들의 다양성을 존중하고 다양한 아이디어와 시각을 수용하는 기업들이 경쟁력을 확보하고 성공을 거두는 경우가 많다. 애플 창업자인 스티브 잡스는 뛰어난 디자인과 혁신적인 기술을 결합한 제품개발에 대한 열정과 비전이 있었다. 그는 직원들이 항상 새로운 아이디어를 도출하도록 독려하고, 비즈니스 전반에 걸쳐 창의적인 사고를 장려했다. 이런 전략은 애플의 혁신적인 제품개발과 브랜드 이미지 형성에 큰 역할을 하여 세계에서 가장 혁신적인 기업을 일구어냈다. 기업 내의 갈등을 잘 관리하고 해결하기 위해서는 기업가 스스로가 솔선수범하여 변화의 노력을 기울여야 한다. "상식적으로 그게 말이 된다고 생각해?"와 같은 언행으로 상대방의 의견을 폄훼한다면 결과적으로 조직에는 침묵과 무의미한 동의만이 남게 된다. 결국은 혁신 속도가 더뎌지고 지속적인 생존을 기약할 수가 없다.

거듭 강조하건대 갈등이나 논쟁이 일어나는 것을 당연하게 받아들이고 이를 긍정적인 에너지로 승화하려고 노력해야 한다. 잘못이 있다면 먼저 사과하면 된다. 먼저 사과한다고 해서 자신이 작아지는 것이 아니다. 기다린다는 생각이 옳은 것 같아도 이는 실제로 자신이 옳다는 점에 더 많이 신경을 쓰고 있다는 증거다. 상대가 틀렸다는 확신이 들 때조차도 자신의 옳음보다 상대방과의 관계를 중요시하는 마인드셋이 필요하다. 갈등 해결 후에는 서로의 관계를 회복하려는 노력도 해야 한다. 상대도 관계 회복에 신경을 쓸 것이므로.

NIH 증후군에서 벗어나라

"직무를 수행하는 사람들의 직접적인 경험을 기반으로 현장에서 발생하는 아이디어는 중앙 제어 시스템에서 실행될 수 없다. NIH 증후군은 우리 사회의 주요 저주 중 하나다."

– 미국의 수학자 리처드 해밍(1915~1998)

지식과 기술은 현대기업의 성장을 이끄는 주요 지표다. 그만큼 지식과 기술의 중요성이 커지고 있다. 특히 IT의 발달로 지식과 기술을 기반으로 한 신생 스타트업이 속속 등장하면서 기존의 거대한 비즈니스 체계를 무너뜨리고 있다. 2007년에 설립된 야놀자, 쿠팡(2010년), 배달의 민족으로 유명한 우아한형제들(2011)이 대표적이다. 공교롭게도 이들 기업의 투자자는 외국인들이 이름을 올리고 있다. 기업가치가 1조 원 이상인 유니콘 기업 역시 가속도로 증가하고 있다.

이처럼 요즘 스타트업은 협업과 개방형 혁신을 앞세워 시장점유율을 무섭게 잠식하고 있다. 그런데도 기존 기업은 이를 대수롭지 않게 여기거나 애써 외면하려는 경향이 짙다. 특히 성공 기업에서 그런 현상이 많이 나타난다. 이들 기업은 지금까지 성공해왔다는 자부심과 함께 일종의 질투심도 작용하여 남의 기술이나 아이디어 등을 좀처럼 수용하지 않으려 한다. 이를 나타내는 심리학 용어가 NIH 증후군이다. NIH 증후군은 말 그대로 '여기서 개발한 것이 아니다(Not Invented Here).'라는 의미로 외부의 지식과 아이디어를 거부하는 현상을 말한다. 제3자가 개발한 기술이나 연구성과를 인정하지 않으려 하고 주어진 문제에 대한 해법을 자신 또는 조직 내부의 역량만을 고집하여 해결하려고 해서 조직이 폐쇄적이거나 배타적이기 쉽다.

NIH 증후군은 MIT 슬론 경영대학원 교수인 카츠와 알렌(Katz & Allen) 교수가 1982년 「R&D Management」 저널에 실린 논문에서 정의되기 시작했다. 이 논문은 미국 50개 대기업의 연구개발부서의 성과, 근무연수, 의사소통 패턴을 조사한 결과 재직 기간이 높은 직원일수록 외부와 내부의 의사소통이 줄고 멤버들에게 유익한 평가와 피드백을 멀리하게 하는 경향이 있음을 밝혀냈다. 그 뒤 많은 연구자는 외부지식으로부터 위협에 대한 방어적인 메커니즘으로 장벽을 치려고 해서 NIH의 거부반응이 일어난다고 지적한다.

물론 타사의 기술을 도입하는 것은 타사가 우수하다는 것을 의미한다. 반대로 타사의 기술을 비방하는 것은 자신들이 우수하다는 것을 말한다. 이런 이유로 NIH 증후군은 회사나 조직에 대한 충성심이나 자존심, 그리고 소속 의식이 강할수록 일어나기 쉽다. 그러나 이러한 조직문화에서는 NIH 증후군이 소통과 협업을 어렵게 만드는 장애 요인으로 작용한다. 그 예로, 잘 나가는 코닥은 디지털 기술의 부상을 외면한 결과 회사의 쇠퇴를 가져왔다. 2001년 가전제품의 대명사인 소니 역시 과열된 내부경쟁과 내부표준만을 고집하는 조직문화로 인해 시장에서 고전을 면치 못하였다. 반면에 애플은 자체보다는 전 세계에서 우수한 기술의 기존 부품을 모으면서 혁신적인 제품을 창조할 수 있었다.

그러면 어떻게 하면 NIH를 넘어 외부의 새로운 아이디어를 조직에 침투시킬 수 있을까?

NIH 예방에 대처하는 가장 좋은 방법은 인사를 통해 팀원을 서로 교류시키고 프로젝트별로 전략과 평가단계 모두에 외부인을 참여시키는 것이다. 그러면 새로운 관점과 새로운 사고를 갖게 되고 경쟁업체와 업계의 활동에 보조를 맞추기 위한 환경이 조성될 수 있다.

다음으로 인센티브 시스템을 마련하는 것이다. 아무리 좋은 아이디어를 내어도 이를 적극적으로 수용하는 인센티브 제도가 마련되어 있지 않으면 조직을 NIH 증후군으로 이끌 수 있다. 인센티브제는 외부와의 활발한 협력을 통해 새로운 아이디어에 대한 성과주의적 접근을 제도화하는 데 큰 도움을 줄 수 있다.

마지막으로 조직의 멤버들에게 NIH의 원인과 비용, 치료법에 대해 교육하는 것이다. 조직의 멤버들이 고유의 정체성을 간직하는 것도 중요하지만, 이들의 가치관과 외부 정보 사이에는 단절이 있기 마련이다. 그래서 교육프로그램을 통해서 멤버 간의 이질감을 풀고 외부의 협력과 융합이 얼마나 중요한지를 가르쳐야 한다. 그러면 광범위한 커뮤니티(예: 컨퍼런스)가 일어나 사고의 진화를 가져올 수 있다.

이렇듯 NIH 증후군은 창의적인 아이디어를 죽이고 사회의 동력을 잃게 한다. 자신만의 아이디어와 제품의 우월성에 집착하면 혁신적인 기업도 언제든지 밀려날 수 있다. 사라진 기업들의 결말이 이를 입증하고 있다. 역사적으로 보면 새로운 발상은 이질적인 것들의 조합에서 나왔다. 지식과 기술은 자신의 세계관에 외부의 정보를 융합시켜 발전해왔다. 지금 사람들이 가지고 있는 지식은 99% 이상 선각자들이 이룩해 놓은 것들에 불과하다. 아무리 뛰어난 사람이라도 자신이 99%를 배우는 데 노력하고 여기에 남의 1%를 더하는 것이 올바른 방법일 것이다. 그렇지 않고 조직과 팀만의 정체성과 고유 문화를 고집하여 다른 멤버나 외부로부터 얻을 수 있는 새로운 아이디어를 원천적으로 차단해버리면 우물 안 개구리가 되기 쉽다.

10개의 빨간 풍선을 찾아라

"지식을 얻으려면 공부를 해야 한다. 그러나 지혜를 얻으려면 관찰을 해야 한다."

— IQ 228의 미국 칼럼니스트 메릴린 보스 사반트(1946~)

2009년 12월 1일, 미국 국방부 이벤트 홈페이지에 "미국 전역에 배치된 10개의 빨간 풍선의 위치를 가장 빨리 보고한 사람에게 4만 달러의 상금을 준다."라는 이벤트가 올라왔다. 이이벤트는 첨단 무기를 개발하는 미 국방부 개발부서 중에서도 가장 최첨단 기술을 연구하는 '국방고등연구계획국(Defense Advanced Research Project Agency: DARPA)'에서 기획한 것이었다. 기획목적은 인터넷 정보확산의 속도와 정확도를 실험하기 위한 것이었다. DARPA는 인터넷을 탄생시킨 곳으로도 잘 알려져 있는데 이번 이벤트도 인터넷 탄생 40주년을 기념해 실시한 행사였다.

2009년 12월 5일 아침, 경기 시작 직전 DARPA는 비밀리에 미국 전역의 공공장소에 지름 2.5미터의 빨간 풍선 10개를 설치했다. 이 이벤트에는 다양한 분야의 연구자를 포함해 총 4,000개 팀이 참가했다. 이벤트 참가팀들은 다양한 방법과 인터넷 기술을 동원해 빨간 풍선 10개를 찾는 도전을 펼쳤다. 당초 DARPA는 빨간 풍선 10개를 모두 찾는데 최대 9일 정도가 걸릴 것이라고 예상했었다. 그런데 이벤트 시작 후 불과 8시간 52분 41초 만에 미국대학교 MIT팀이 모든 풍선의 위치를 발견하여 우승의 영예를 안았다.

참가한 팀들은 풍선을 찾는데 고도의 기술과 난해한 기법이 필요하다고 여겼지만, 의외로 MIT팀의 해법은 매우 단순했다. 우선 상금 4만 달러를 10등분으로 분할해 각 4천 달러를 풍선 발견자와 그 발견자를 소개하기 위해서 관련된 모든 사람에게 분배하는 방식이었다. 예를 들면, A씨가 MIT팀 웹사이트에 등록한다. A씨는 B씨에게 링크를 보내 등록시켰고, 이어 B씨는 C씨에게 링크를 넘겨 등록시켰다. 그런데 만일 C씨가 풍선을 발견한 경우 C씨가 먼저 4천 달러의 절반인 2천 달러를 받고 B씨는 그 절반인 1천 달러, 마지막으로 A씨는 나머지 절반의 500달러를 받는다. 잔금은 어느 단체에 기부한다는 구조다.

MIT팀이 이 풍선 하나를 발견하는 데 총 3,750달러
(2,000+1,000+500+250)의 비용이 든 셈이다. 수학의 극한개념을
이용해 계산하면 아무리 많은 사람을 통해서 발견한다 해도
풍선 하나에 드는 비용은 4,000달러를 넘지 못한다. 따라서
이 방법을 통해 총 10개의 풍선을 발견하는 데 드는 비용은 1
등 상금인 4만 달러를 결코 넘을 수 없다. 발견한 제보자에게
2,000달러를 제시한 이유가 바로 이 수학의 극한개념에서 나
온 것이다.

MIT팀의 수법이 뛰어난 것은, 발견자에게만 상금을 건네
는 방법이 아니라 등록자들에게 가능한 한 많은 지인을 등록
시키도록 인센티브를 제공했다는 점이다. 만일 발견자만 상금
을 받는 구조였다면 다른 사람이 풍선을 발견하면 자신에게
돈이 들어오지 않기 때문에 MIT 사이트에 지인을 소개하는
동기가 생기지 않는다. 빨간 풍선 찾기 이벤트는 설정된 문제
의 재미와 MIT팀이 난해한 문제를 화려하게 해결했다는 점
에서 연구자들 사이에서 화제가 되기도 하였다.

그렇다면 DARPA는 왜 이 이벤트를 문제로 설정했을까? 물론 DARPA의 문제설정은 '10개의 풍선 찾기'다. 그렇지만 DARPA의 과제의식은 풍선 찾기, 그 자체가 아니라 '한정된 시간 속에서 방대한 사람들을 신속히 조직화하고, 떨어진 지역에 산재하는 정보를 정확하게 수집하려면 어떻게 하면 되는가?' 하는 것이었다. DARPA는 풍선 찾기라는 문제설정을 통해 자신들의 과제의식에 직결되는 답안을 찾을 수 있었다. 그것이 바로 MIT팀이 찾아낸, '사람의 조직화와 자발적인 정보제공을 가능하게 하는 인센티브 플랜'이다.

기업 역시 어떤 일을 시작할 때면 과제의식을 명확히 하고 문제를 설정해야 한다. 과제의식을 명확히 하지 않고 문제설정만으로 프로젝트를 시작하면 실패하기가 쉽고 다시 되돌리기가 어렵다. 실패한 기업의 경우를 보면 과제의식 없이 어디선가 본 것 같은 문제설정만으로 먼저 프로젝트를 착수하는 오류를 종종 범한다. 예를 들어 TV 방송국의 경우 시청률만을 고집하여 제작부터 착수하는 경우가 있는데, 이는 다시 생각해봐야 한다. 물론 시청률은 매우 중요하다. 그러나 시청률이 문제설정인지 과제의식인지, 아니면 둘 중 어느 쪽도 아닌지를 납득할 때까지 생각한 후에 결정을 내려야 한다. 그렇지 않고 과제의식이 없어도 좋은 문제설정을 할 수 있고, 가치 있는 해결방안을 찾을 수 있다고 생각한다면 큰 오산이다. 과제의식 없이 문제설정만으로 시작한다면 당장 시청률이 높더라도 그 프로그램은 오래 지속될 수 없다.

과제의식과 문제설정에 대한 DARPA의 해결방안을 외부 (MIT팀)의 힘으로 이끌어 낸 풍선 찾기 이벤트는 인터넷과 테크놀로지 시대의 좋은 발상의 사례라고 할 수 있다. MIT팀이 찾은 것은 단지 풍선만이 아니었다. 그들이 찾은 건 바로 인터넷과 테크놀로지 시대에 기업이 대처해야 할 새로운 비전과 그 가능성이었다. 기업에서도 좋은 발상이 잘 나오지 않는다고 고민했다면 한번 원점으로 돌아가 명확한 과제의식을 찾아보는 것도 한 방법이다. 시간이 걸려도 과제의식이 명확해 짐으로써 결과적으로 문제설정과 해결방안에 대한 좋은 발상을 빨리 찾아낼 수가 있다.

벤처기업의 성공 포인트

"미지를 향해 출발하는 사람은 누구나 외로운 모험에 만족해야
한다."

– 프랑스 소설가 앙드레 지드(1869~1951)

기술력과 전문성을 지닌 사람들의 벤처기업 진출이 늘고 있
다. 벤처기업이란 위험성은 크지만 성공할 경우 높은 기대수
익이 예상되는 신기술과 아이디어를 독자적인 기반 위에서 사
업화하려는 신생 중소기업을 말한다. 그런 만큼 벤처기업은
성공하기가 힘들고 생존율이 짧은 편이다. 특히 우리나라 벤
처기업의 5년 생존율은 OECD 국가 중 거의 꼴찌에 가까울
정도로 매우 낮은 수준이다. 그래서 "벤처기업은 성공하면 벤
츠 타고 다닐 수 있지만 실패하면 벤치에서 노숙하게 된다."라
는 말까지 생겨났다.

그만큼 벤처기업의 성공이 어렵다는 의미인데, 오늘날 성공한 기업은 대부분 벤처기업에서 출발했다. 마음속에 실행되지 않은 아이디어가 여전히 남아 있다면 그 아이디어는 위험을 감수할 가치가 충분히 있다. 벤처기업가는 기꺼이 그 위험을 감수하는 사람이다. 위대한 승리에는 위대한 모험이 필요하듯이 위대한 모험의 결과는 더 큰 보상이 뒤따른다. 벤처기업이 계속 탄생하는 이유다. 그렇다면 벤처기업이 성공하려면 어떻게 해야 할까?

다음 여섯 가지의 포인트로 정리해 볼 수 있다.

① 경영환경 변화의 정확한 파악

벤처기업가는 경영환경의 앞을 내다보는 통찰력을 지니고 있어야 한다. 경영환경이란 사회적 환경, 정치적 환경, 경제적 환경, 경쟁적 환경을 말한다. 사회적 환경의 변화는 고령화 사회의 도래, 사람들의 가치관과 행동 양식, 소비자의 의식 등을 포함한다. 정치적 환경의 변화는 정치 체제의 변화와 그에 따른 경제 정책의 변화를 의미한다. 오늘날 대부분의 경제 정책은 정치권의 입법 활동으로부터 나오고 이를 통해 각종 규제 완화와 개혁으로 이어진다. 그래서 새로운 비즈니스 기회가 생겨나고 기존 시장의 신규 진입이 쉬워지기도 한다.

경제적 환경의 변화는 경제성장률, 기술 혁신, 환율변동 등이 경제에 미치는 영향을 말한다. 경쟁적 환경의 변화는 기존 경쟁업계뿐만 아니라 장래에 경합이 될 다른 회사의 동향까지를 포함한다. 이처럼 벤처기업가는 경영환경의 변화를 남보다 한 발 먼저 내다볼 수 있어야 비즈니스 기회를 잡을 수 있고, 이것이 벤처기업이 성공하는 첫걸음이다.

② 비전의 명확화

벤처기업가마다 자라온 가정환경이 다르고 인생관에서 차이가 있다. 그 때문에 창업할 때 자신의 사업구상을 비전으로 제시하게 되는데, 비전은 경영 이념, 사시, 행동 목표, 행동 지침 등 다양한 명칭이 있다. 그렇지만 기업에서 근무하는 직원들 역시 경험과 직종이 다르고 다양한 생각을 지니고 있다. 그래서 벤처기업가는 자신이 이루고자 하는 장기적인 목표와 바람직한 미래상을 전 사원이 공유할 수 있도록 비전을 명확히 설정할 필요가 있다. 그러려면 누구라도 알기 쉽고 단순하면서도 실현 가능한 비전을 제시해야 한다. 그렇지 않고 그때그때 상황에 따라 임하게 되면 목표로 한 중심축이 흔들려서 성공을 보장할 수 없다.

③ 목표시장과 고객의 창출

벤처기업은 풍부한 경영자원을 지니고 있지 못하다. 그 때문에 한정된 자원으로 어느 시장에서 어떤 고객을 목표로 할지를 명확하게 설정하는 것이 중요하다. 만일 급성장하는 시장을 목표로 하는 경우는 대기업을 포함한 경쟁업체들이 많아 이를 이길 만한 핵심 기술과 스피드한 경영이 가능한지를 충분히 검증해야 한다. 그런 다음 자신이 있다면 선정한 목표시장을 집중적으로 공략하여 고객을 창출해야 한다. 성공한 많은 벤처기업이 특화, 혹은 세분화된 니치(틈새) 전략으로 제품개발과 서비스 기획 단계에서 구체적인 고객을 상정하여 그들과 접점을 가지면서 개발을 진행하여 확실한 매출로 연결짓고 있다. 이 방법은 모든 유형의 벤처기업에 적용되는 필수불가결한 성공요소라고 할 수 있다.

④ 강력한 팀워크의 조성

명확한 비전을 갖고 목표로 한 시장에 투입할 제품개발이 완료되었다 하더라도 이를 비즈니스와 연결하기 위해서는 기동력 있는 팀워크가 필요하다. 아무리 뛰어난 재주를 지닌 벤처기업가라 하더라도 본인이 다 만능일 수 없고 가치관이 다른 다수의 직원을 한 방향으로 이끌어 가기가 매우 어렵다.

그래서 지속적인 장기 성장을 유지하려면 직원 간의 커뮤니케이션을 강화하고 긴밀하고 균형 있는 팀워크를 조성하는 것이 중요하다.

⑤ 원활한 자금조달

벤처기업가는 자유로운 경영 활동과 도약을 위해서 필요한 자금을 어떤 방식으로 조달할지를 항상 대비해야 한다. 창업 동기로 충분한 창업 자금이 있었기 때문이라고 응답한 경우는 거의 없다. 반면에 창업 시에 필요한 자금은 얼마 없어도 기술력과 열정만으로 창업에 뛰어드는 경우는 흔하다. 그렇지만 창업 후 제품 개발비용과 기업 성장을 위해서는 자금은 절대적으로 필요하다. 그러므로 설립 초기부터 재무전략과 연계한 원활한 자금조달을 미리미리 수립해야 한다. 그 방법으로 정부의 각종 정책지원제도와 TIPS(민간투자주도형 기술창업 지원 프로그램)와 같은 금융 인프라 등을 알아두어 활용할 필요가 있다.

⑥ 가정의 증명

면밀한 사업계획을 세우고 사업을 시작해도 시작 시점에서는 모두 가정에 지나지 않는다. 실제 사업을 하다 보면 사업계획과 차이가 나는 것이 다반사다. 아무리 면밀한 가정을 상정하고 다시 몇 가지의 시나리오를 만들어도 예측할 수 없는 상황이 발생하는 것이 현실이다. 예를 들면, 예정대로 제품개발이 완성되지 않거나 제품이 완성되어도 판매처를 찾지 못한 경우가 많아 당초 마련한 자금이 고갈되기 쉽다. 따라서 아니다 싶으면 검증 프로세스를 가동하여 초기의 가정을 재빨리 수정하고 재구축하여 회복 불가능한 사태로 악화하는 것을 막는 것이 벤처기업이 성공할 수 있는 지름길이다.

이상과 같이 벤처기업의 성공요소를 정리하자면 6개 포인트로 요약된다. 사업에 뜻이 있는 사람이라도 벤처기업의 특성상 벤처기업에 뛰어들지 않으려 한다. 그러나 벤처를 하기 위해 대학을 중퇴하고 벤처기업에 기꺼이 뛰어들어 세계적인 기업을 일구어내는 사람들이 있다. 테슬라의 일론 머스크, 마이크로소프트의 빌 게이츠, 애플의 스티브 잡스, 오라클의 래리 엘리슨이 그렇다. 벤처하지 않는 사람들은 벤처하는 사람들을 위해 계속 일한다. 대학을 중퇴한 CEO 밑에서 대학을 졸업한 똑똑한 사람들이 일한다. 사람마다 각자 살아가는 방식이 다르고 각자의 방식으로 살아남기에 누가 더 나은 삶이라는 정답이 없다. 다만 자본주의 사회에서 쉬운 길은 없다. 길이 쉬우면 잘못된 길을 가고 있을 가능성이 크다. 힘들어도 남이 하기 싫은 벤처에 기꺼이 뛰어든 사람이 있기에 자본주의는 성숙하고 이들이 존경받는다.

기업퇴출의 양면성

"세월은 하루하루가 결코 알지 못하는 많은 것을 가르쳐 준다."

– 미국의 시인 랄프 왈도 에머슨(1803∼1882)

어떤 기업이 시장에서 많은 이윤을 남기고 있다면 기회를
노리며, 밖에 대기하고 있는 기업들은 이 시장에 계속 진입할
것이다. 진입하는 기업 수가 증가하면 시장 전체의 공급량은
늘어나 경쟁이 발생하고 수요와 공급의 법칙에 따라 시장가
격은 점점 떨어지게 된다. 그리하여 이윤이 제로가 될 때까지
시장진입은 계속된다. 즉 이윤이 0이 되어야 진입이 멈춘다.
이는 기업 활동이라는 것이 무엇보다 이윤을 얻자고 하는 일
인데 이윤이 없다면 기업을 운영할 필요가 없기 때문이다. 그
래서 경제학에서 완전경쟁 시장의 경우 장기 균형에서 기업의
이윤은 0이 된다.

그러나 기업이 좋은 제품을 만들기 위해 노력을 해도 많은 이윤을 내기가 점점 어려워지고 있다. 인류가 일찍 경험하지 못한 코로나바이러스의 장기화는 현재와 미래의 양면에서 불가역적인 변화를 초래하였다. 이에 따라 전 세계 비즈니스 존속에 큰 위협을 가져오고 각국 정부의 불요불급한 외출 자제와 봉쇄조치와 같은 비상조치가 계속 시행되면서 시장수요가 급속히 위축되었다. 코로나 팬데믹 이후 각국 정부가 기업의 도산과 일자리 상실을 막기 위해 대규모 정책지원을 시행하였지만, 기업의 채산성은 계속 악화했다. 특히 소상공인과 자영업자, 소매업, 관광업, 숙박업 등 대인적인 서비스가 많은 분야는 상황이 심각할 정도였다. 이 분야의 많은 기업이 매출 감소로 인한 수익성 저하와 자금 부족과 같은 극심한 유동성 제약에 직면하여 시장에서 퇴출당했거나 퇴출이 진행 중이다.

이윤을 얻기 위해 많은 기업이 시장에 진입하고 있지만, 이윤을 얻는 과정은 순탄치 않다. 기업을 영위하다 보면 코로나바이러스가 아니었어도 항상 크고 작은 위기가 발생한다. 잘나가는 기업이 한순간에 쓰러지고 통제 불가능한 외적 요인으로 인하여 경영이 어려워지게 된다. 그 과정에서 기업가는 구조조정을 하기도 하지만 어쩔 수 없이 퇴출과 같은 선택을 하게 된다. 그런데 함부로 시장에 진입할 수 없는 진입장벽(Entry Barrier)이 있듯이 퇴출을 하고 싶어도 퇴출을 할 수 없는 퇴출 장벽(Exit Barrier)이 있다. 저수익과 경제적 손실이 예상되는 데도 철수하지 못하게 하는 여러 요인이 현실적으로 존재한다.

퇴출에는 다른 선택이 없는 경제적 퇴출과 건전경영을 하고 있음에도 어떤 요인에 의해 자발적으로 사업을 접는 비경제적 퇴출이 있다. 전자는 채무 지급능력이 없어 쓰러지는 일종의 도산에 가깝지만, 후자는 자발적 선택이라는 데 그 차이가 있다. 채무 지급능력이 없는 기업에 대한 고질적인 지원은 좀비 기업 문제를 양산하고 구조조정을 더디게 하여 도덕적 해이를 키울 수 있다. 하지만 건전한 경영을 하는 기업이 자발적인 퇴출을 하는 데에는 그 원인이 어디에 있는가를 면밀하게 살펴보아야 한다.

더구나 2000년대 초반 이후 장기간에 걸쳐 우리나라 신생기업의 감소 현상이 진행되고 있다. 신생기업의 감소나 채무 지급능력이 없는 기업의 경제적 퇴출은 어쩔 수 없다고 해도 채무 지급능력이 있고 건전한 경영을 하는 기업까지 자발적으로 비경제적 퇴출을 선택하는 경우는 심각하게 고민해야 한

다. 이는 거시경제 측면에서 비효율과 성장잠재력을 악화시킬
수 있다.

　기업의 자발적 퇴출은 일차적으로 사업의 불투명과 수익성
의 악화에 그 원인이 있다고 하겠다. 근래 경험해 보지 않는
코로나 팬데믹 이후의 불확실성 증대는 잠재적 경쟁기업의 시
장진입을 크게 제약하는 요인으로 작용했다. 상품시장의 규
제 강화와 소수 대기업에 의한 시장지배력으로 인한 시장집
중도도 큰 원인으로 지적되고 있다. 일부이기는 하지만 이제
는 유유자적한 생활을 하기 위해 새로운 일이나 사업을 하기
위함이라는 이유로 퇴출을 선택하는 경우가 있다. 그러나 기
본적으로 비경제적 퇴출에는 사업전망의 불투명이 크게 자리
잡고 있다.

　문제는 비경제적 퇴출의 경우, 사업의 불투명성을 직접적인
이유로 하는 원인 이외에 경영자의 고령화와 건강문제를 비롯
한 다양한 이유로 퇴출이 늘어나고 있는 점이다. 실제로 최근
자료에 따르면 우리나라 기업의 자발적 퇴출을 보면 사업전망
이 서지 않는다는 비율이 가장 높고 다음으로 경영자 본인의
고령화가 뒤를 잇고 있다. 현재, 고도성장기에 탄생한 기업,

특히 소규모 기업의 상당수는 경영자의 고령화가 급속히 진행되고 있다. 그러한 기업이 지속적인 사업을 할 수 있도록, 예를 들면 상속세의 감면과 사업 계승에 대한 인센티브의 부여, 그리고 기업과 후계자의 매칭제도 개선 등과 같은 정책적 뒷받침이 뒤따라야 한다. 그렇지 않고 어느 한 시점에서 승계가 이루어지지 않는 한, 사업의 성공과 실패에 상관없이 멀지 않은 장래에 많은 고령 경영자들이 자발적인 퇴출 절차를 밟게 될 것이다.

그런 측면에서 정책당국은 이들 기업의 인재승계 프로그램이 효율적으로 이루어지도록 정책적 지원을 마련해야 한다. 고령 경영자의 경우는 내부의 인재가 육성되지 않으면 지속가능한 경영을 도모할 수가 없다. 이들 기업은 경영방침이나 영업전략의 수립방법 등이 구조화되어 있지 않고, 자금과 정보가 부족하여 경영 자체가 맨파워에 크게 의존하고 있다. 만일 개인의 경험과 스킬, 노하우와 인맥을 지닌 유능한 영업사원이 갑자기 그 회사를 그만두게 되면 그 기업은 경영 상태가 급격히 악화할 것이다.

다음으로 장기적인 측면에서 이들 기업에 대한 인프라 구축과 자동화 기술투자에 역점을 두어야 한다. 제조와 유통의 현장이라면 IoT의 도입으로 생산성을 높일 수 있을 것이고, 그 밖의 자질구레한 업무도 IT 활용과 AI의 도입으로 사람이 해 온 일을 기계에 맡길 수 있다. 노동 시장의 변화는 앞으로도 신생기업뿐만 아니라 이들 기업에 역풍이 될 것이다. 그중 서비스업, 접객업, 제조업 등 인력이 불가피한 업종은 특히 큰 영향을 받게 될 것이다.

마지막으로 정책 당국에서는 이들 기업에 예상되는 변화를 두려워하지 않고 선제적으로 대응할 수 있도록 종합적인 지원 대책을 세워나가야 한다. '애프터 코로나' 시대가 어떤 변화를 가져올지는 아무도 모르지만 이로 인해 타격을 받은 기업과 오히려 큰 기회를 잡은 기업이 있다. 거듭 강조하지만, 이윤이 없는 채산성 악화기업의 경제적 퇴출은 어쩔 수 없다고 해도 채무 지급능력이 있는 건전한 기업은 계속 존속할 수 있도록 다양한 정책적 여건을 마련하는 것이 시급하다. 그 이유는 기존 기업의 존속은 창업 이상의 경제적 가치가 크고 그들 경영자의 경험과 노하우가 매우 소중한 자산이기 때문이다.

경험이란 만들 수 없고 겪어야 한다. 따라서 이를 현명하게 사용한다면 실수와 시간 낭비를 획기적으로 줄이는 훌륭한 스승과 같다. 나이 든 성공한 경영자의 경륜이 그런 것이다.

3부

흐름을 읽는
물고기의 눈을 가져라

"성공은 바닥에 도달했을 때 얼마나 높이 튀는가
입니다."

– 미국의 장군 조지 S. 패튼(1885~1945)

성장의 한계

"강이 바위를 가르는 것은 그 힘 때문이 아니라 지속성 때문이다."

― 미국의 기독교 작가 제임스 왓킨스(1952~)

코로나바이러스의 확산은 사회와 경제 전반에 큰 영향을 미쳤다. 전 세계적으로 여행 자체가 금지되거나 국경이 폐쇄되면서 사람과 상품의 이동이 크게 제한되었고, 이에 따라 국내에서도 소비와 생산활동이 감소하는 결과를 가져왔다. 또한, 고용과 소비에 영향을 미치는 일부 산업군은 특히 큰 타격을 입었으며, 금융시장도 대규모의 하락과 불안정성을 보였다. 그 결과, 세계공급망의 혼란과 수요 감소로 세계 경제는 역성장을 기록하였다. 반면에 사회적 거리 두기 영향으로 업무와 교육 방식이 변화하면서 디지털 기술이 더욱 중요한 역할을 하게 되었다. 또 자기관리와 건강에 대한 중요성이 다시

금 각인되고, 사회적인 연대와 상생의 중요성 부각으로 사회적 책임이 더욱 강조되기도 했다. 이러한 변화들은 코로나바이러스 이후의 세상이 어떻게 변화해 나갈지에 대한 예측과 고민을 하게 만들었다.

이렇듯 코로나바이러스 팬데믹은 인류에게 많은 도전을 제시했다. 지금까지 '성장은 절대 선'이었다. 성장률이 높을수록 소득이 늘어나고 소득이 늘어야 소비와 투자가 이루어지기 때문이다. 그래서 경제성장 과정에서 어떤 문제가 생기더라도 진보된 기술과 인간의 통제로 얼마든지 해결할 수 있다고 보았다. 그러나 코로나바이러스는 인류의 성장 신화의 룰을 깨뜨렸다. 기존의 경제성장 모델은 생활과 경제활동이 제한되면서 대부분의 산업 분야가 하락세를 보였다. 따라서, 우리는 경제성장과 인간의 안전과 건강을 동시에 보호하면서 지속가능한 발전을 위한 새로운 모델을 고민해야 한다.

1972년, 로마클럽(Rome Club)에서 『성장의 한계(The Limits to Growth)』라는 책을 출판하였다. 세계적인 경제학자들과 과학자들이 모여 작성한 책으로, 경제성장과 자원 소모, 환경 파괴, 인구 증가 등의 문제를 다루고 있다. 이 책은 세계적인 경제성장 모델이 무한한 성장을 추구할 수 없으며, 자원의 한계와 환경 파괴 등의 문제로 인해 일정한 시점에서 성장이 멈출 것이라는 주장을 제시했다. 브레이크 없는 경제성장이 지구 환경에 어떤 영향을 미치게 될지 그 원인과 전망을 분석하고, 성장주의라는 가공된 신화에서 벗어나 '지속가능한 미래'의 중요성을 강조하고 있다. 발간 당시에도 논란이 되었으며, 지금까지도 여전히 논쟁 중이다. 당시 저자들은 컴퓨터 시뮬레이션을 통해 2020~2050년 사이에 세계는 산업의 자원공급과 환경오염이 한계에 도달하여 급격한 인구감소와 식량부족 등으로 더 이상의 근대적 산업 문명 체제가 지속할 수 없을 것으로 예측하였다. 놀랍게도 예측한 대로 세계 경제는 붕괴하고 이상적인 기후변화들이 일어나고 있다. 그렇지만 세계는 여전히 '성장'을 추구하는 데만 몰두하고 있다. 『성장의 한계』의 저자 중 한 사람인 MIT 교수였던 데니스 메도즈(Dennis Meadows) 교수는 자신의 주장이 받아들여지지 않는 오늘날의 세계 현실을 크게 개탄하기도 했다.

통제하지 않는 성장지상주의가 자연 생태계에 스트레스를 가해 자체 규제능력을 상실시키고 커다란 파국을 불러온 예들이 많다. 메르스, 에볼라, 사스, 신종 A형 H1N1 인플루엔자, 홍역, 콜레라와 같은 전염병들이 그렇다. 그리고 COVID-19가 있었다. 21세기 들어 COVID-19가 전 지구적으로 세계인을 동시에 이렇게까지 공포에 빠뜨리라곤 그 누구도 예상하지 못했을 것이다. 이 때문에 세계 각국은 일찍이 경험해 보지 못한 다양한 문제들에 직면해야 했다.

성장은 실업률 해소와 빈곤을 해소하기 위해 절대적으로 필요하다. 하지만 지금과 같은 성장 방식은 가난을 영속화하고 부자와 가난한 자의 양극화를 더욱 심화시킨다. 과도한 부의 집중과 소득 불평등은 여러 가지의 사회적 문제를 일으키고 있다. 그 결과는 세계적인 위기로 이어지곤 했다. 1929년 대공황 당시에 미국의 상위 10% 소득은 전체소득의 약 49%를 점유하였다. 2008년 서브프라임 사태를 맞이하기 전인 2007년에도 미국의 상위 10% 소득은 전체소득의 50%를 돌파하였다. 이후 소득의 불평등 추세가 조금씩 완화되었으나 시간이 흐르면서 다시 확대되고 있다.

세계 불평등데이터베이스(World Inequality Database: WID)는 2021년 기준으로 세계 인구의 가장 부유한 상위 10%가 전 세계 소득의 52.5%를 차지하고, 최하위 50%는 8.5%에 불과하다는 결과를 발표했다. 이는 세계적으로 소득 불평등이 크게 증가하고 있음을 보여준다. 부의 불평등은 소득 불평등보다 훨씬 더 두드러진다. 전 세계 인구의 상위 10%가 전체 세계 부의 76%를 소유하고 있고, 가장 가난한 절반은 전체 세계 재산의 2%만 소유하고 있다. 일부 전문가들은 소득의 집중도가 일정 수준을 넘어서면 위기로 이어진다는 논리에 기초하여 2019년도에 발생한 코로나바이러스가 아니었어도 또 한 번의 위기가 발생했을 것이라고 주장한다. 문제는 위기가 발생할 때마다 불평등이 더욱 심화한다는 사실이다. 실제로 COVID-19 대유행 기간인 2020년은 전 세계 억만장자의 부의 몫이 역사상 가장 가파르게 증가한 해였다.

〔그림 10〕 전 세계 소득 불평등, 1820-2020

출처: WID(2023)

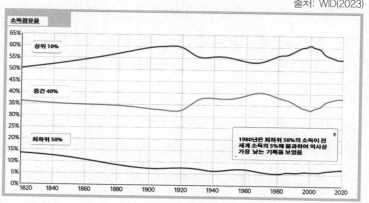

환경론자를 비롯한 전문가들은 경제성장이 인간에게 행복을 가져다주는 것이 아니라 오히려 불균형과 불평등을 초래할 수 있으며, 자원 소모와 환경 파괴 등의 문제를 야기할 수 있다고 지적한다. 그들은 또한 경제성장이 사회를 더 부유하게 만들 수 없다면 성장지상주의에 대한 재고와 대안 모델의 고민이 필요하다고 주장한다. 경제학 교과서에서는 보통 경제성장을 GDP와 같은 경제 지표로 평가한다. 그러나 이러한 경제성장이 모든 경우에 긍정적인 효과를 가져오는 것은 아니다. 경제성장이 비경제적인 측면을 가질 때는 사회적 비용이 이익보다 더 많아질 때다. 만약 사람들이 비경제적인 측면을 감수하겠다고 한다면 일정한 고통을 겪을 수도 있다. 예를 들어, 환경 파괴나 자원 고갈 등의 문제로 인해 경제성장을 지속할 수 없다면 일부 사람들의 수익이 줄어들거나 일자리가 사라질 수도 있다. 따라서, 경제성장은 단순히 GDP 증가와 같은 경제적 측면만을 고려하는 것이 아니라, 환경, 사회적 공정성 등의 다양한 측면을 고려해야 한다.

인간이 근시안적 안목과 욕망에 눈이 멀어 성장만을 추구한다면 지속가능한 미래에 필요한 선택과 행동을 할 수 없게 된다. 제어 장치가 없이 무절제하게 성장해온 경제가 지구 환경에 미치는 부정적인 영향을 무시하고 넘어간다면, 인류의 미래는 위태로워질 것이다. 인류는 "지금까지 끊임없이 성장해왔기 때문에 성장에 한계가 있을 수 있다."라는 또 다른 사실을 받아들이려고 하지 않는다. 그러나 코로나바이러스와 같이 급변하는 상황에서 이러한 성장에 대한 경각심이 필요하다는 것을 깨닫게 되었다. 인류가 성장의 한계를 받아들이고, 지속가능한 발전을 추구해야 한다는 사실을 인식하게 된 것이다. 어쩌면 '성장의 한계'가 이미 시작되었을 수 있다. 그 결과로 삶이 더욱 어려워지고 있다. 이러한 상황에서 해답은 성장이 아니라 지속가능성에 있다. 양적 확대와 더불어 질적 발전에 관심을 가져야 한다.

이를 위해서는 노동과 자본, 인간과 기술이 서로 조화를 이루도록 해야 하며, 기존의 패러다임을 바꿔나가야 한다. 또한, 가치보다도 대가가 클 경우, 한계를 초과하지 못하게 하거나 멈추도록 하는 것이 필요하다. 이러한 접근방식이 세계 경제의 지속가능성을 확보할 수 있는 길이 될 수 있다.

전 세계적으로 국가의 부는 상당히 증가하였으나, 정부의 부는 줄어들었다. 지난 40년 동안 국가는 부유해졌고, 정부는 가난해졌다는 의미다. 이러한 현상은 부의 대부분이 개인에게 있기 때문이다. 부의 집중화로 인해 국가의 자금이 개인의 소유로 이전되어, 정부는 적은 자금으로 나라를 운영해야 한다. 정부가 가난하면 국가는 주요 과제인 기후변화와 같은 문제를 해결할 수 있는 역량을 갖지 못할 것이며, 미래의 불평등 문제도 개선하기 어렵다. 가난한 정부와 개인의 이해 관계 논리에 밀려 성장지상주의가 지속할 가능성이 크다. 따라서, 우리는 국가의 부와 정부의 역량 강화가 불평등 해소와 지속가능한 발전에 중요한 역할을 할 수 있다는 것을 인식하고, 이를 위한 대안적인 방식들을 모색해 나가야 한다. 그 방안의 하나로 세제개혁과 공정경제와 같은 특단의 선택으로 세계적인 불평등 문제를 해결해 나가야 할 것이다.

그러나 '망각하면 다른 재앙들이 또 찾아오리라.' 인류의 오랜 역사교훈이다.

인구감소 시대의 기업의 대응전략

"기업가에게 가장 중요한 것은 기회를 개척하고 포착하는 능력이다."

— 캐나다 출신의 노벨경제학상 수상자 로버트 먼델(1932~2021)

산업에서 핵심적인 생산을 담당하고 있는 생산가능인구(15세~64세)가 계속 줄고 있다. 한국은 전체 인구 중 생산가능인구 비중이 2010년 72.4%에서 2030년 64.0%로, 2060년에는 49.6%로 급격하게 감소할 것으로 전문가들은 예상한다. 생산가능인구 감소는 곧 인구 고령화 문제와 맞물리며 기업의 인력난 등 여러 경제·사회적 문제를 동반한다. 한국은 2000년 65세 이상 인구비율이 7%를 돌파해 고령화 사회에 진입하였고, 2017년 14%를 넘겨 고령사회에 속해 있다. 2025년에는 그 비율이 20% 이상인 초고령 사회에 이를 전망이다. 전체 인구 약 5천만 명 중 1천만 명이 노인 인구인 셈이다.

프랑스는 세계에서 가장 먼저 고령화 사회에 진입한 국가다. 이후 프랑스가 초고령화 사회로 진입하는 데 154년이 소요되었고, 독일은 77년, 일본은 36년이 걸렸다. 한국은 불과 25년 만에 초고령 사회에 진입하는 셈이다. 인구구조의 변동은 사회 전반에 걸친 변화를 유발하는 요인이 된다. 특히 고령화의 진전과 이에 따른 생산가능인구의 감소는 공급, 수요, 분배의 측면에서 국민경제에 심대한 영향을 미치고 이에 대한 부정적 결과로서 노동력 부족과 경제성장의 둔화로 이어질 가능성을 배제할 수 없다.

이에 따라 기업은 생산가능인구의 감소에 대한 대응을 서두를 필요가 있다. 문제는 생산인구의 감소로 인해 많은 기업이 사업 모델의 전환이나 조직의 재검토 및 디지털화를 추진하고 있지만, 기업 내에 전문적인 지식이나 노하우를 가진 인재를 확보하기가 쉽지 않다는 점이다. 운 좋게 자사가 요구하는 인재를 채용하려 해도 비용이 너무 많이 들거나 대우 측면에서 타협되지 않는 경우가 현실이다. 믿을 수 있는 인재의 확보는 기업의 경영자가 항상 안고 있는 고민 중의 하나다.

대기업에 자동차 부품을 납품하는 A사는 몇 년 전에 심각한 경영위기를 겪었다. 몇 년 동안 신규채용을 미룬 결과 회사원의 연령 구성이 불균형을 이룬 데다가 공장장이 갑자기 질병을 앓게 되어 공장 전체가 혼란에 빠지게 된 것이다. 공장장만이 전체 공정을 파악하고 있었기 때문에 다른 구성원들이 손 쓸 수 없는 상황이 된 것이다. 결국은 공장 내부의 정보 비대칭성이 기술적인 문제나 안전사고 등의 위험한 상황을 급격히 초래했다. 그 영향은 제조현장의 혼란에 머무르지 않고, 납기 지연과 잔업 증가, 심지어 거래처로부터 클레임까지 발생하는 일이 벌어지고 말았다.

그렇다면 기업은 생산인구의 감소에 따른 노동력 부족 상황에 어떻게 대응해야 할까?

큰 흐름은 '외주화'와 'IT화'로 요약할 수 있다. 많은 회사가 많든 적든 업무의 외주를 통해서 과업을 수행하고 있다. 최근에는 셰어드 서비스(Shared Service)라는 형태로 회계와 인사 등도 외주회사에서 맡아 처리하고 있다. 이는 기업 내부에서 중복되는 업무와 과업을 외주처리함으로써 업무의 효율성을 높이기 위함이다. 규모가 작은 중소기업이라면 본업과 관련된 인재확보에 주력하고 전통적인 업무는 가급적 외주화하는 편이 보다 슬림하고 효율적이다. 외주화의 가장 큰 장점을 들자면 '고정비의 변동비화'에 있다고 하겠다. 기업은 외주 업체에 일정 금액을 지불함으로써 고정비를 변동비화할 수 있는데, 매출액의 변동이 큰 기업의 경우 인건비라는 고정비를 늘리지 않고, 외주를 주어 변동비화함으로써 상황에 맞게 원활하게 대응할 수가 있다. 그러나 외주화를 시도할 때는 고정비를 어디까지 변동비화할 수 있을까를 고려하여 외주화의 이점을 최대화하는 것이 중요하다.

'IT화'는 업무를 IT에 맞추는 것을 말한다. 흔히 사람들은 IT화를 최첨단의 기술을 도입하는 것으로 오해하기 쉬운데 IT화의 본래 목적은 최첨단의 기술을 도입하는 것이 아니라, 업무 효율화와 비용을 절감하는 데 있다. 즉, IT화는 업무를 보다 효율적으로 처리하고, 정보를 빠르게 공유하며, 업무 처리 과정에서 발생하는 문제를 최소화하고자 하는 것이다. 노동력의 감소가 진행되고 있는 가운데 같은 생산량을 유지하기 위해서는 작업자의 효율을 높이는 것 이외에는 다른 방법이 없다. 이를 위해 최근에는 비즈니스 과정 중 반복적이고 단순한 업무 프로세스에 소프트웨어를 적용해 자동화하는 로봇 프로세스 자동화(Robotic Process Automation: RPA)가 주목받고 있다. 로봇과 인공지능, 드론 등 인간의 일을 대신해 줄 수 있는 기술발전이 폭발적으로 이루어지면서 많은 기업이 RPA를 통한 비즈니스의 디지털화에 나서고 있다.

인구구조의 변화와 생산가능인구의 감소는 기업이 직면한 시급한 문제다. 그러나 기업이 이를 잘 포착하고 적극적으로 대처한다면 새로운 효율화로 도약하는 기회를 만들 수 있다. '외주화'와 'IT화' 외에 노동 시장에서의 인재 부족을 '복업'과 같은 근로 방식을 통해서 얼마든지 해결할 수 있다. 복업이란 개인이 1개 이상의 직업을 가진 것을 말한다. 앞으로는 한 직장에 얽매이지 않고 여러 개 직업을 가진 '복업' 형태의 근로 방식을 선택하는 인재가 증가할 것으로 예상된다. 어느 면에서 '복업'이라고 하는 일하는 방법을 선택하는 '인재공유'의 생각은 기업의 요구와도 일치한다. 그러나 중요한 것은 시대적 흐름이라고 해서 단지 외주화와 IT화를 도입하는 것이 아니라 그러한 도입을 통해서 직원들의 인식을 바꾸고 업무를 재설계하며 진정한 의미에서 효율화를 진행하여 새로운 성과로 연결 짓는 것이다.

디지털 ABCD에 주목하라

"변화는 삶의 법칙이다. 과거와 현재만 바라보는 사람들은 반드시 미래를 놓치게 될 것이다."

— 미국 35대 대통령 존 F. 케네디(1917~1963)

인터넷을 기반으로 한 디지털 경제가 빠르게 진전되면서 잘 나가는 기업과 그렇지 못한 기업의 양극화가 심화하고 있다. 인터넷은 정보를 순식간에 전달할 뿐 아니라 정보를 재생산하는 기능이 있다. 대량의 정보를 빠르게 제공하는 동시에 불확실한 정보나 거짓 정보도 쉽게 유포시킬 수 있다. 이에 따라 정보의 진위성을 판단하는 역량이 매우 중요해졌다. 사람들은 신뢰할 수 있는 출처와 정보를 검증하는 방법을 습득하고, 비판적인 시각을 갖추어 정보를 선별하고 해석해야 한다. 여기서 중요한 것은 인터넷의 단점이 디지털 경제로의 전환을 막을 수 없다는 점이다.

디지털 경제란 생산, 분배, 소비 등 주요 경제활동이 정보통신 신기술과 데이터에 기반하여 디지털화되고 네트워크화된 경제를 의미한다. 세계적으로 디지털 경제는 기업의 생산방식, 소비 제품과 행태, 유통구조, 산업구조, 정부의 역할 등에 이르기까지 광범위한 변화를 몰고 오고 있다. 코로나 팬데믹은 이런 변화 흐름을 한 단계 진전시켰다. 앞으로도 디지털 경제는 제2차 성장모델 변혁단계로 이행하면서 업계 전반에 거대한 질적, 구조적 변동을 가져올 것이다.

연구자들은 디지털 경제 시대에서는 철강과 자동차와 같은 올드 이코노미가 아니고, 'ABCD'를 중심으로 하는 디지털 산업이 세계 경제를 이끌 것으로 예상한다. 여기서 A는 AI, B는 블록체인, C는 클라우드, D는 데이터다. 실제 제4차 산업혁명과 함께 'ABCD'를 집중한 국가나 이의 응용기술이 뛰어난 기업은 큰 성과를 보인다.

세계적으로 디지털 경제의 기반이 된 IT 하드웨어의 제조기술이 가장 발달한 것은 미국, 일본, 한국과 대만이다. 그에 반해, IT 기술의 응용에 뛰어난 국가는 미국과 중국이다. 특히 중국은 전자상거래 기업 알리바바와 SNS 기업 텐센트가 뛰어난 비즈니스 모델을 확립하여 이용자 수에 있어서 세계에서 최다를 기록하고 있다. 여기에 중국 정부가 국가전략으로 '신형 디지털 인프라' 투자프로젝트 7대 분야(5G, 인공지능, 빅데이터, 산업인터넷 등)를 추진하여 디지털 전환을 가속화하고 있다.

그렇다면 국가뿐만 아니라 기업이 왜 디지털 ABCD에 주목하고 관심을 가져야 할까?

AI 인공지능

AI는 점진적인 학습 알고리즘을 통해 스스로를 개선하고 데이터가 프로그래밍을 수행하도록 지원한다. 최근에 가장 빠른 진행속도를 내고 있다. 2022년 12월 1일 공개한 AI '챗GPT'가 그 대표적인 사례다. 이를 계기로 세계적인 IT 기업들이 선두를 점유하기 위해 치열한 경쟁을 하고 있다. 기존 제품에 AI 기능을 탑재하면 사람들이 수행하는 수작업을 자동화하는 것을 넘어서서 반복적인 대량의 작업을 간단하게 수행한다. 이미 의료 분야에서는 딥러닝, 이미지 분류, 개체 인식 등 AI 기술들을 MRI 이미지 분석에 활용하고 있으며 숙련된 방사선 기술자만큼이나 정확한 결과를 얻고 있다.

B 블록체인

블록체인의 사전적 정의는 '누구나 열람할 수 있는 디지털 장부에 거래 내역을 투명하게 기록하고, 여러 대의 컴퓨터에 이를 복제해 저장하는 분산형 데이터 저장기술'을 말한다. 다소 복잡하게 들릴 수 있지만, 용어의 기본 개념을 잘 들여다보면 정보보호와 깊은 관련성이 있다. 블록체인은 기술이 가진 파급력을 토대로 일상의 각 영역으로 파고들고 있다. 대표적인 예가 바로 암호화폐다. 암호화폐의 경우 변동성이 크기 때문에 실제 결제에 쓸 수 없다는 의견도 있지만, 결제 시 적용되는 암호화폐를 법정 화폐와 1:1로 연동한다면, 변동 없이 안정적으로 사용할 수 있는 장점이 있다. 블록체인은 결제 외에도 향후 담보, 금융, 보험, 교통, 헬스케어, 에너지, 물류와 배송, 음악, 제조, IoT, 소셜 미디어, 공공분야 등 거의 모든 주요 산업 분야에 폭넓게 적용될 예정이다.

C 클라우드

클라우드는 인터넷 기반 컴퓨팅의 일종으로 정보를 자신의 컴퓨터가 아닌 클라우드에 연결된 다른 컴퓨터로 처리하는 기술을 뜻한다. 클라우드 안에 있는 사용자의 데이터를 신뢰성 높은 서버에 보관함으로써 안전하게 보관할 수 있어 언제든지 접근할 수 있고 전문적인 하드웨어에 대한 지식 없이도 쉽게 사용할 수 있다. 이에 따라 최소한의 관리 노력으로 비용을 절감할 수 있다. 많은 기업이 부하 비용과 다운타임을 줄이고 품질 서비스 개선을 위한 효율적인 방법으로서 클라우드 기술로 선회하고 있는 것도 이 때문이다.

D 데이터

데이터는 수치화된 크기/규모, 개수, 문자, 또는 컴퓨터에 의해 해석되어 처리되거나 다른 기계, 다른 컴퓨터를 제어할 수 있는 명령어를 나타내는 심볼 등을 말한다. 보통 자기 저장 매체 등에 저장되며 그 저장된 데이터가 실제로는 효율성과 편의성 측면에서 폭넓게 활용되고 있다. 빅데이터의 경우 클라우드 컴퓨팅 등과 함께 큰 주목을 받으며 데이터 활용이 일반화되고 있다. 이미 빅데이터를 활용한 조직은 조직 운영의 효율성이 개선되고, 수익을 증대시키며 새로운 비즈니스 모델을 창출하고 있다.

이처럼 기업이 성장하려면 디지털 경제로 신속하게 전환해야 한다. 제4차 산업혁명 시대의 핵심 키워드는 디지털 ABCD로 요약할 수 있다. 그중 순서로 보면 데이터에서 AI로

가는 프로세스 적용이 가장 중요하다. 블록체인과 클라우드는 부족 부분을 보완하는 형태로 함께 추진되어야 한다. 디지털 경제가 전 산업에 미치는 파급력이 얼마나 큰 것인가를 망각하여 디지털 전환의 추진을 주저하거나 망설인 나머지 사라지는 기업이 한둘이 아니다. 업종과 규모의 대소를 가릴 것 없이 DX 유무가 성장과 실패를 구분 짓고 있다. 그런 점에서 DX의 최우선 대응은 우리가 생각하는 기존의 방식을 바꾸는 것이다.

포스트 코로나, 어떻게 대응해야 할까?

"대학살에도 생존자는 늘 있기 마련이다. 다른 곳에 없다면 승자 중에 있다."

— 미국의 SF 작가 로이스 맥마스터 부졸드(1949~)

코로나바이러스는 인간 탐욕의 결과일까? 아니면 단순히 역사적으로 반복되어온 재앙의 하나일까? 2019년 12월 1일, 중국 후베이성 우한에서 첫 환자가 발생한 이래 코로나바이러스는 전 세계로 퍼져나가기 시작하였다. 이로 인해 세계는 수많은 공장이 멈춰 섰고, 사람들의 이동이 제한되었다. 그 당시 아마 세계인들이 가장 많이 들었던 말은 봉쇄라는 의미의 '락다운(Lock down)', 사회적 거리를 뜻하는 '소셜 디스턴싱(Social distancing)', 자가격리라는 뜻의 '셀프 쿼런틴(Self quarantine)'과 같은 단어일 것이다.

코로나-19가 발생하자 경제학자들은 이의 여파가 1929년 미국의 대공황보다 더 클 것으로 진단하였다. 실제 2020년도 세계경제성장률은 IMF 전망치 -3%보다 낮은 -4.3%를 기록했다. 대공황 이후 가장 낮은 세계경제성장률이었다. IMF 외환위기 당시 세계 경제성장률은 2.6% 플러스 성장했고, 글로벌 금융위기 당시에는 -0.07% 수준이었다. 2020년 팬데믹 경제위기는 그만큼 가혹한 위기였다.

지구 상에서 가장 진보된 종인 인류가 고도로 진화된 뛰어난 의료 시스템을 갖추고도 미생물에 불과한 코로나바이러스와 세계적인 전쟁을 벌인 셈이다. 2019년에 발생한 코로나바이러스가 기존의 위기와 다른 점은 부채증가와 환율변동과 같은 경제적 위기나 금융위기가 아니라 인류의 생명과 직결되는 건강위기이기 때문이다. 지난 세기 최악의 전염병 중 하나는 1918년~1920년 사이의 '스페인 독감'이었다. 세계보건기구는 당시 세계 인구의 약 2%인 4~5천만 명이 '스페인 독감'으로 사망한 것으로 기록하고 있다. 이는 제1차 세계대전의 사망자 수보다 무려 3배나 많은 숫자다. 일제강점기인 우리나라 역시 당시 '스페인 독감'으로 인해 전체 인구의 0.8%에 해당하는 14만 명이 사망한 것으로 보고되고 있다.

코로나바이러스의 치사율은 2%로 사스나 메르스보다 낮지만, 그 전파력은 제트비행기처럼 매우 높다는 데에 그 심각성이 있었다. 그 결과 무서운 속도의 전파력으로 많은 세계인을 감염시켰다. 심지어 감염병예방혁신연합(CEPI) 회장을 맡은 리처드 해칫 박사는 '세계 인구의 60~70%가 코로나 19에 감염될 것'이라고 주장하였다. 그.때문에 미국의 핵 항공모함인 루즈벨트호조차 임무를 멈추고 괌의 부두에서 멈춰서야 했다. 사정이 이러한데도 UN이나 WHO와 같은 국제기구는 적절한 대응을 하지 못하고 우왕좌왕했다. 세계강대국인 G2나 G7 국가지도자는 제대로 된 역할을 하지 못한 채 G-zero 형태에 가까운 모습을 보였다. 다행히 한국은 체계적인 의료 시스템과 IT의 발달, 그리고 높은 교육열을 지닌 국민의 의식 수준과 정부의 신속한 대응으로 인해 세계인의 주목을 받았다.

코로나 팬데믹이 경제에 미치는 직접적인 영향은 경제침체의 가속화와 비대면의 확산, 그리고 경제규칙과 시스템의 붕괴였다. 이것이 기업의 도산과 대량실업을 가속화 했다. 예상된 일이긴 했지만, 그만큼 많은 기업은 공포와 두려움에 떨어야 했다. 이는 코로나바이러스 자체보다 사회서비스 중단과 경제붕괴로 인해 더 많은 기업이 쓰러지거나 더 많은 사람이 사망하게 될 것이라는 의미여서 그 심각성이 매우 컸다.

　우리가 주목해야 할 점은 코로나바이러스 이후에 재편될 세계다. 코로나바이러스는 극복되겠지만, 이전의 생활로는 되돌아가지 않는다는 점이다. 오래된 일상의 모습인 올드 노멀(Old Normal)은 사라지고 새로운 정상의 뉴 노멀(New Normal) 시대가 오고 있다. 이제 세상은 코로나 이전의 BC(Before Corona)와 코로나 이후인 AC(After Corona) 시대로 구분되고 있다. 확실히 코로나가 지금까지의 규칙을 바꾸고 생활의 큰 변화를 가져온 것은 분명하다.

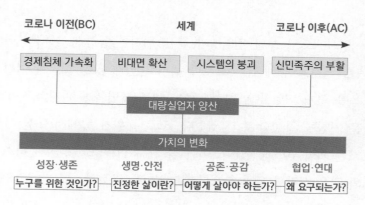

〔그림 11〕 코로나-19의 영향과 가치의 변화

그러나 코로나바이러스가 인류에게 미친 가장 큰 영향은 가치의 축(Value Axis)인 가치의 변화다. 코로나-19는 인류의 가장 보편적이고 근원적인 가치에 대한 질문을 던지고 있다.

그 질문이란 다음과 같이 요약해 볼 수 있다.

첫째, 우리 사회의 경제적 목표와 목적에 중요한 것은 무엇인가?

둘째, 우리 사회의 정서적이고 창조적인 발전에 중요한 것은 무엇인가?

셋째, 우리 사회의 사회적 구조와 윤리적 행동에 중요한 것은 무엇인가?

역사적으로 보면 전염병과 같은 위기를 통해서 인류는 더 단단해지고 강해졌다. 코로나 위기로 인해 많은 기업이 어려움을 겪게 되었지만, 한편으로는 새로운 변화를 가져와 새로운 기회를 창출할 수가 있었다. 코로나 위기 속에서도 잘 나가는 기업들이 생겨났다. 이런 점에서 기업이 코로나바이러스와 같은 심각한 위기가 오더라도 위기를 극복하려면 단계별로 위기 대응전략을 수립하여 실행에 옮겨야 한다. 그 단계별 대응전략이란 1단계로 살아남는 것이며, 2단계는 복구하는 것이고, 마지막 3단계는 이후의 새로운 패러다임을 구축하는 것이다.

〔그림 12〕 위기 시 대응전략

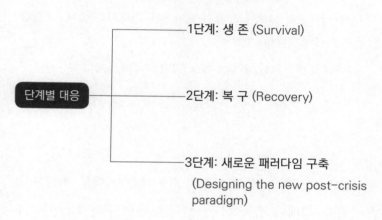

단계별 대응

1단계: 생 존 (Survival)

2단계: 복 구 (Recovery)

3단계: 새로운 패러다임 구축
(Designing the new post-crisis paradigm)

미국의 심리학자 에릭 에릭슨(Erik H. Erikson)은 위기는 재앙의 조짐이 아니라 전환점이기 때문에 개인의 발달과정에서 겪는 어려운 환경에서 극복해야 할 생존의 원천이라고 보았다. 위기 시에는 살아남는 것이 중요하다. 기업이 살아남기 위해서는 단계별 대응전략을 통해서 철저히 준비하고 신속하게 움직여야 한다. 이것이 소위 속도감 있게(Speed), 전략적으로(Strategy), 지혜롭게(Smart)의 영문 이니셜인 3S 원칙이다.

노쇠해지는 경제,
과감한 투자 정책이 시급하다

"위기가 아무리 나빠져도 용기가 나에게 가르쳐 주었다. 건전한
투자는 결국 성과를 거둔다."

　　－ 멕시코 통신 재벌 '텔맥스텔레콤' 창업자 카를로스 슬림 헬루(1940~)

　기업은 미래의 성장성과 수익성에 대한 기대를 바탕으로
투자한다. 그래야 제품생산을 늘리고 매출 규모가 늘어나야
기업의 성장이 가능해진다. 하지만 전반적인 경영환경이 개
선되지 못하면서 한국경제의 설비투자 부진이 지속되고 있
다. 1990~1994년의 설비투자 증가율이 13.5%일 때 동 기
간의 경제성장률은 8.6%였다. 그 뒤 설비투자 증가율이 부
진을 면치 못하면서 한국경제의 성장세도 낮은 수준에 머물
고 있다. 설비투자 증가율이 가장 크게 하락한 것은 IMF 외
환위기인 1998년으로 −38.6%였다. 서브프라임 사태 당시인
2008년 4분기에는 −12.1%까지 이르렀으나 이후 좀처럼 개선

되지 않고 있다. 2022년도는 −0.7%를 기록하여 이대로 가면 2%대 경제성장률 달성조차 어려울 전망이다.

정책 당국에서도 이를 엄중한 상황으로 인식하고 있다고 하지만, 무엇보다 설비투자의 부진은 한국경제의 앞날을 어둡게 하고 있다. 설비투자는 수요 측면에서 소비, 수출 등과 함께 당해 연도의 소득수준을 결정하는 최종 수요항목의 하나일 뿐만 아니라 공급 측면에서 자본스톡의 축적을 통해 미래 성장잠재력을 확충하는 데 결정적인 영향을 미친다. 한국이 그동안 고도 경제성장을 이룩하게 된 데에는 설비투자의 증가율이 정확히 경제성장률의 두 배 수준을 능가했기에 가능했다. 미국, 영국, 독일, 프랑스 선진국이 1인당 국민소득 1만 달러에서 2만 달러를 넘는 데 걸리는 기간은 10년 내외이다. 반면에 일본, 이태리, 싱가포르는 5년 내외에 달성하였다. 일본, 싱가포르가 미국, 영국, 독일보다 5년이나 빨리 앞당길 수 있었던 것은 이들 국가에 비해 설비투자증가율이 그 기간에 두 배가량 높았기 때문이다.

지금까지의 경제성장 과정에서 경제성장률과 설비투자와는 높은 상관관계를 보여 왔다. 1970~1995년 중 설비투자증가율은 연평균 15.0%씩 늘어나 경제성장률(연평균 8.2%)보다 훨씬 빠른 속도로 증가해 왔다. 외환위기 쇼크에서 빠른 회복세를 보이기 시작한 1999년 이후에는 설비투자가 소비, 수출 등 다른 수요 항목보다 높은 신장세를 나타내면서 경제성장의 견인차 역할을 해 왔다. 시간이 지날수록 설비투자의 경기에 대한 민감도는 더욱 증대돼 경기 확장기에는 경제성장률을 상회하는 반면, 경기 수축기에는 하회하면서 경기변동의 진폭을 높이는 주된 요인으로 작용하고 있다. 이처럼 설비투자율은 경제성장률을 선행하거나 경기변동과 동행하는 특성이 있다. 따라서 앞으로 경기를 진작시키기 위해서는 더욱 과감한 설비투자 촉진책이 나와야 한다.

설비투자율을 제고하기 위한 가장 시급한 과제는 경제의 불확실성 해소다. 경제의 불확실성이 설비투자에 매우 중요한 영향을 미친다는 점은 여러 연구에서 입증되고 있다. 향후 경기에 대한 부정적 전망이 우세한 상황에서 기업들의 투자심리는 크게 위축될 수밖에 없고, 이것이 설비투자에 부정적 영향을 미치는 것은 당연하다. 이런 점에서 정책당국자들이 힘을 합쳐 정책의 과오를 피하고, 정책의 불확실성으로 투자에 찬물을 끼얹는 우를 범해서는 안 된다.

설비투자수요에 대한 안정적인 금융공급 또한 중요하다. 토빈의 q이론(일정한 기업 주식의 총 시장가격과 당해 기업 보유 물적 자산의 총 대체비용 사이의 비율)처럼 예상되는 투자수익의 현재 시장가치가 투자비용보다 크면 기업의 투자수요는 증가하게 된다. 그러나 현실적으로 기업은 투자에 따른 높은 기대수익률이 예상돼도 외부로부터의 자금조달에 제약을 받아 투자계획을 실행에 옮기지 못하는 경우가 발생하게 된다. 특히 정보의 비대칭성과 경기에 대한 불투명성 등으로 중소기업은 금융기관으로부터의 자금조달에 많은 어려움을 겪고 있다.

이를 해소하기 위해 금리 인하를 통한 통화정책도 중요하지만, 그보다는 실물경제에 직접 영향을 줄 수 있는 재정지출 확대와 세금인하와 같은 확장적 재정정책이 더 유효할 것으로 판단된다. 그 이유는 설비투자는 경기변동과 높은 상관관계를 갖고 있어서 경기 위축 시에 금리를 인하한다고 해도 설비투자의 즉각적인 회복으로 이어지지 않는 경향이 있기 때문이다. 이는 과거 수차례 금리 인하의 사례에서 보듯이 설비투자는 금리보다는 향후 경기 전망과 같은 거시적 가격변수에 의해 더 큰 영향을 받는다.

설비투자의 촉진책은 설비투자의 부진이 어디에서 기인하는 지를 인식하는 데서 해답의 실마리를 찾아야 한다. 그러려면 정책입안자와 금융당국이 업계의 현장을 자주 찾아서 진정성 있게 그들의 의견을 듣는 변화된 모습을 보여야 한다. 그런 다음 과감한 대책을 내놓아야 한다. 한 예로 기업의 투자 범 위를 설비투자뿐만 아니라 연구개발투자와 지분투자까지 확 대하여 살펴보아야 한다. 아직 절대적인 비중은 적지만 국내 기업들은 경쟁력 강화를 위한 연구개발투자의 비중을 지속적 으로 늘리고 있어 투자패턴에도 변화가 나타나고 있다.

혁신적인 국가에서 혁신적인 기업이 나오는 법이다. 설비투 자 부진이 사회적인 문제로 부각되고 있지만, 수익성이 개선 되지 못하면 단기간 내에 국내 기업들이 투자를 확대하기는 어렵다. 이런 점을 감안하면 경제 상황이 엄중한 만큼 정책 당국에서는 속도감 있게 투자를 장려하는 실효성 있는 정책 이 필요하다. 타이밍을 놓쳐 실기하면 경제 상황은 더 어려워 질 수 있다. 경제성장률이 마이너스로 떨어지는 그런 일이 절 대 일어나지 않을 것을 이해하지 못한다면 이는 전혀 준비가 안 된 것이고, 결국 글로벌 시장에서 밀려나게 될 것이다. 기 업 역시 처한 상황에 따라 개별적으로 차별적인 대응을 하겠지만, 장기적인 성장기반 확대를 위해서는 외형성장을 위한 설비투자와 기업의 핵심역량을 강화하기 위한 무형자산 투자가 병행되는 것이 바람직할 것이다.

금리는 경제의 미래를 알려준다

"그것은 모두 금리로 귀결된다. 투자자로서 당신이 하는 일은 미래의 현금 흐름을 위해 일시불로 지불하는 것뿐이다."

— 미국의 투자자 레이 달리오(1949~)

금리는 경제의 핵심지표이자 경제활동의 근간이 되는 기본 원리다. 실제 모든 투자의 기본은 금리에서 시작한다. 금리는 과거와 현재뿐만 아니라 미래의 상황까지 알려준다. 이런 연유로 금리를 모르고서는 결코 부자가 될 수 없다. 만약 여러분이 부를 얻고 싶다면 금리의 흐름을 알아야 하고 그 움직임을 항상 예의주시해야 한다. 그 이유는 금리에 따라 돈의 흐름이 바뀌기 때문이다. 금리가 낮으면 투자자들은 은행에서 자금을 대출하여 주식이나 채권, 부동산에 투자하게 된다. 반대로 금리가 높으면 대출은 감소하고, 시중의 자금은 은행의 예금으로 흘러가게 된다. 그러므로 미국의 금리가 결정되는 연준의 연방공개시장위원회가 열리는 날이면 전 세계인의 눈이 이곳으로 쏠린다. 한국은행의 금융통화위원회가 열리는 날에도 마찬가지다. 그렇다면 도대체 금리가 무엇이길래 이토록 세상을 들었다 놓았다 하는 것일까?

금리란 돈을 빌려 쓸 때 드는 '비용'을 말한다. 돈을 빌려주는 사람은 돈을 빌려주는 동안 그 돈을 쓸 수 없다. 그 때문에 그 돈이 있었다면 얻었을 이익을 잃게 된다. 그에 상응하는 이익을 돈을 빌린 사람이 빌려준 사람에게 지불하는 것이 금리다. 금리는 철저히 자금의 수요와 공급에 따라 변동한다. 예를 들어, 돈을 빌려주는 사람이 한 명이고, 빌리는 사람이 여러 명이 있는 경우에는 빌리고 싶은 사람은 비싼 대가(=금리)를 지불하더라도 돈을 빌리려고 한다. 그러면 금리는 상승한다. 정반대의 경우는 금리가 떨어진다. 금리에는 한국은행이 금융기관과 자금조정 예금이나 대출 등의 거래를 할 때 기준이 되는 기준금리가 대표적이고 예금금리, 대출금리, 단기금리, 장기금리, 복리, 명목금리, 실질금리, 콜금리, 우대금리, 가산금리, 회사채금리 등 다양한 종류가 있다. 이중 기준금리는 정책금리라고도 하며 한국은행 소속 기관인 금융통화위원회에서 1년에 8번 결정한다.

물가수준에 좌우되는 돈의 가치

그러면 현실적으로 금리가 실물경제에 어떻게 영향을 미치는지 살펴보자.

[그림 13] 금리의 실물경제 파급경로

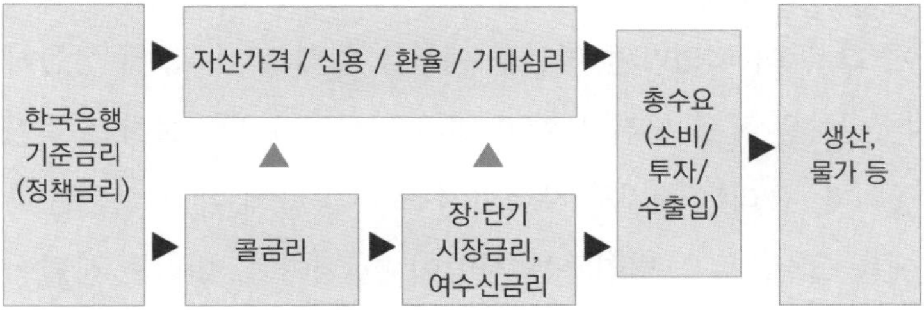

1. 금리와 경기와의 상관관계

우선 금리는 경기와 밀접한 관련이 있다. 일반적으로 경기가 좋을 때는 물건이 잘 팔리기 때문에 기업은 물건을 만들기 위한 원자재 구입을 늘리거나 설비투자를 적극적으로 한다. 따라서 자금 수요가 높아진다. 또, 급여나 보너스가 증가하여 개인의 소비 의욕이 높아지고, 돈을 빌려서라도 물건이나 서비스를 구입하려고 한다. 이처럼 경기가 좋을 때는 돈의 수요가 늘어나기 때문에 금리가 상승하기 쉽다. 반면에 경기가 나쁠 때는 일반적으로 물건이 잘 팔리지 않기 때문에 기업들은 물건을 많이 만들려고 하지 않고 설비투자도 꺼린다. 개인 역시 소비를 줄여서 돈의 수요가 줄어들어 금리는 떨어지기 쉽다. 여기서 '일반적'이라고 표현한 것은 현실에서는 예외적인 경우가 발생하기 때문이다.

2. 금리와 물가와의 상관관계

물가란 다양한 물건이나 서비스의 가격을 말한다. 물가가 상승하는 것은 일반적으로 경제활동이 활발하게 이루어지고 있을 때이고 물가가 하락하는 것은 일반적으로 경제활동이 정체되어 있을 때다. 물가가 상승하면 물건이나 서비스를 구입하기 위해 필요한 돈의 양이 증가하기 때문에 자금 수요가 확대되고 일반적으로 금리는 상승한다. 그렇게 되면 소비의욕이 떨어지고 경제활동이 침체되기 시작한다. 반면 물가가 하락하면 물건이나 서비스를 사기 위해 필요한 돈의 양이 감소하기 때문에 일반적으로 금리는 낮아진다. 물가 안정은 돈의 가치를 지키는 것이며 돈의 가치는 물가수준에 좌우된다. 이 때문에 한국은행은 물가 안정을 통화정책의 최종목표로 삼고 있다. 한국은행은 물가상승률이 높을 때는 물가상승을 억제하기 위해 기준금리를 인상한다. 통화 긴축으로 돈을 빌리기 어렵게 만들고 세상에 나도는 돈의 양을 줄이려는 것이다. 기준금리는 통상 물가상승률보다 더 높게 올리는 것이 일반적이다. 1993년 미국 스탠퍼드대 교수인 존 테일러(John Taylor)가 제안한 테일러 준칙(Taylor Rule)에 따르면 물가가 1%포인트 상승하면 실질금리는 1.5% 포인트 인상되어야 한다.

3. 금리와 환율과의 상관관계

환율은 두 나라 통화의 교환 비율로 우리나라 돈을 다른 나라의 돈으로 바꿀 때 적용되는 돈과 돈의 교환 비율을 말한다. 만약 한국은행이 기준금리를 인상하게 되면 원/달러 환율은 일반적으로 떨어지기 마련이다. 그 이유는 고금리를 노린 외국인이 우리나라에 예금하기 위해 몰려오고, 따라서 시중에는 달러 풍년이 찾아와서 환율이 하락하기 때문이다. 예컨대 1달러에 1,500원이던 환율이 1달러에 1,000원이 되면 수입업자는 해외에서 싸게 물건을 구입해서 좋지만 대신 수출업자는 낮은 가격으로 수출해야 하므로 경상수지가 악화된다. 그러나 현실에서 보면 고금리가 되면 환율이 떨어져야 하는데 오히려 상승하는 경우를 심심치 않게 볼 수 있다. 특히 금리가 상대적으로 높은 수준에 있을 때는 환율이 오히려 폭등하는 경우가 있다. 이의 주된 요인으로는 국내 경기상황의 불안정성에 기인한다. 그렇게 되면 고금리에도 불구하고 외국인의 돈이 들어오지 않고 자국민들은 자국 통화 대신 달러 가치를 더 선호하여 환율이 오르는 현상이 발생하게 되는 것이다.

〔그림 14〕 금리 인하 시 일반적인 경제 파급효과

금리↓ → 통화량↑ → 투자↑ → 국민소득↑ → 물가↑ → 환율↑ →
금리↑ → 통화량↓ → 투자↓ …

제로금리 시대의 도래

이처럼 금리는 경기상황과 일상생활에 지대한 영향을 미치고 있다. 우리나라 금리의 역사를 보면 1965년 9월에는 최고 예금금리를 연 30%까지 올린 적이 있었다. 한국경제가 고도성장기에 있었던 1980~1990년에는 기준금리가 10%를 훨씬 넘었다. 은행예금만으로도 연간 15%의 수익률을 올릴 수 있었으니 열심히 저축만 해도 재테크가 가능했다. 그러다가 1997년 IMF 외환위기를 맞으면서 기준금리는 20% 넘게 상승했다. 그 후 위기가 진정되면서 2000년 중반까지 한국은행은 5%대의 기준금리를 유지했다. 2008년에는 미국발 서브프라임 사태로 전 세계가 불황에 접어들면서 2%대로 기준금리를 인하했다. 그러나 또다시 2020년 코로나 19의 영향으로 경제가 어려워 그해 5월에는 0.5%까지 떨어졌다. 흔히 말하는 제로금리 시대가 도래한 것이다. 제로금리는 1년 넘게 유지되었으며 그사이 시중 유동성은 꾸준히 증가했다.

저금리로 인한 사람들의 대출확대는 부동산과 주식의 상승으로 이어지고 세계적인 원자재 공급 차질로 인하여 물가는 큰 폭으로 폭등했다. 그러자 미국 연준은 물가를 잡기 위한 금리 인상을 단행하기 시작했다. 그동안 헬리콥터 머니라고 불릴 정도로 돈의 힘으로 경기를 부양하려는 각국의 양적 완화 정책은 다시 물가를 잡기 위한 긴축정책으로 돌아섰다. 이렇게 보면 물가는 돈의 발행량과 비례한다. 노벨경제학상 수상자인 밀턴 프리드먼(Milton Friedman)의 주장처럼 물가란 돈을 많이 찍어내면 오르고 돈을 적게 찍어내면 떨어지는 화폐적 현상에 불과하다.

미국 연준의 긴축정책에 발맞추어 한국은행 역시 2021년

8월, 0.5%인 기준금리를 0.25%포인트 인상하였다. 인상 폭 0.25%포인트는 흔히 말하는 베이비스텝으로 별것 아닌 것 같지만, 경제주체에 주는 신호는 명확했다. 저금리 시대가 끝났다는 말이 무섭게 증시, 부동산부터 하락의 신호가 감지됐다. 그런데 이런 신호를 외면하거나 무시하고 오히려 부동산과 주식에 적극적으로 투자에 나선 사람들은 큰 낭패를 보았다. 그 뒤에도 몇 차례 큰 폭의 금리 인상이 단행되었다. 일반적으로 기준금리는 0.25% 정도로 조정되는데, 그 이상의 경우는 경제 전체에 큰 영향을 미치게 된다.

이렇듯이 중앙은행은 금리 인상과 금리 인하로 경기균형을 꾀한다. 이를 통해 통화정책 효과가 파급되어 실물경제에 영향을 미친다. 금리 인상의 주된 목적은 과열된 경기를 억제하는 것, 금리 인하의 주된 목적은 침체된 경기를 부양하는 것. 즉, 금리 인상과 금리 인하로 경제를 안정화하는 것이 목적이다. 이러한 금리 인상과 금리 인하는 우리의 삶에도 다양한 영향을 미친다. 세상의 돈은 흑자 주체에서 적자 주체로 흘러가고 기준금리 변동에 따라 금융기관이 개인이나 기업에 설정하는 금리도 변동한다.

가장 주의 깊게 살펴야 할 것은 미국의 경제 상황

그렇다면 구체적으로 금리 정세 속에서 미래의 경기를 어떻게 예상하면 좋을까?

미래의 경기를 내다보기 위해서는 단기금리와 장기금리의 차이를 보는 것이 한 방법이다. 단기금리는 중앙은행이 통제하고 있지만, 장기금리는 일반적으로 시장의 예상이나 기대가 반영되어 있다. 예를 들어, 단기금리가 1%, 10년 국채의 장기금리가 5%라고 한다면 그 나라 경제는 앞으로도 일정한 성장을 기대할 수 있다.

금리가 상승 추세에 있을 때는 주식 대신 예·적금이나 채권의 매력이 높아지고, 반대로 금리가 하락 추세에 있을 때는 예·적금이나 채권의 매력이 떨어져 주식을 사는 경향이 있다. 그래서 성공한 투자자는 장래의 투자 판단을 위해 금리의 변화에 따른 경기 동향을 미리 선점해 남보다 빠르게 움직인다. 투자 판단을 위해 경기를 전망하려면 경기에 앞서 움직이는 성질이 있는 주식 시장의 동향을 참고하는 것도 좋은 방법이다.

다음으로 금리는 금리 자체로만 끝나는 것이 아니라는 것이다. 금리→투자→소비→환율→물가→실업률→경제성장 등에 서로 영향을 미친다. 가령 기준금리를 인상하게 되면 화폐 공급량이 줄어들게 되어 투자가 줄고, 이에 따라 물가와 환율은 하락하게 된다. 물가하락은 단기적으로 실업률을 증가시킨다. 뉴질랜드 출신의 영국 경제학자 윌리엄 필립스(William Phillips)에 따르면 단기적으로 물가(임금상승률)와 실업률과는 상충관계에 있다. 이것이 바로 필립스곡선의 골자다. 그래서 금리를 인상한다고 하면 물가하락과 동시에 실업률이 증가하리라는 것을 예상할 수 있어야 한다.

대출금리는 내포된 의미를 담고 있다. 보통 은행이 적용하는 대출금리는 물가상승률과 경제성장률의 합으로 이루어지는 것이라고 이해하면 쉽다. 한국은행이 목표로 하는 물가상승률은 통상 2%다. 그래서 만약 은행의 대출금리가 4%라고 한다면 이는 물가상승률 2% + 경제성장률 2%로 짐작하면 빠르게 이해할 수 있다. 따라서 저금리가 유지된다는 것은 그만큼 경제성장률이 저성장 추세라는 것을 짐작할 수 있어야 한다. 경제성장률은 높은 데 금리가 저금리라는 것은 결코 성립될 수 없다. 그런 점에서 제로금리, 저금리 시대란 한국이 더 이상 고도성장은 없을 것이라는 신호로 해석해도 무방하다. 이제는 1%대의 저성장세를 당연하게 받아들여야만 한다.

가장 주의 깊게 살펴야 할 것은 미국의 경제 상황이다. 그다음으로 점검할 것이 국내 경제, 특히 환율이다. 환율의 변동은 한국과 같은 개방경제구조 속에서 경제 전반에 미치는 영향이 매우 크다. 그러므로 여러분들은 대내외의 여러 경제 정세를 고려하면서 금리의 변화를 잘 이해해야만 미래의 경제를 예상할 수 있다. 미래는 어느 한순간에 다가오는 것이 아니라 항상 신호를 보내면서 서서히 현실화한다. 이에 대비한 우리의 자세도 특별한 것은 없지만, 향후 지속할 저성장, 저금리 속에서 자신의 미래에 대한 삶의 패턴을 어떻게 준비하고 정립해 나갈 것인가를 고민해야 한다. 그 시작은 금리의 이해에서 출발해야 한다.

리스크 관리를 어떻게 해야 할까?

"리스크는 자신이 무엇을 하고 있는지 알지 못하는 데서 온다."

－ 미국의 투자가 워런 버핏(1930~)

기업은 각종 리스크에 항상 노출되어 있다. 더욱이 불확실성 그 자체가 리스크가 되고 있는 다양한 사회에서 불확실성은 갈수록 커지고 있고, 그 결과 예측하지 못한 크고 작은 리스크로 인해 잘 나가던 기업조차 큰 타격을 입는 사례가 발생하고 있다. 최근에는 사회적 책임을 다하지 못해 기업 이미지가 추락하거나 기업을 무대로 한 부정의 발각 등이 크게 다루어지고 있다. 그렇지만 대다수 기업은 매출을 올리는 데만 열중하고 회사 내의 각종 리스크에 대해서는 정작 무관심한 경향이 짙다. 기업경영에서 10억 원의 이익을 내는 것도 중요하지만 10억 원의 손실을 미리 방지하는 것 역시 똑같은 가치를 갖는다는 사실을 결코 간과해서는 안 된다.

그런 측면에서 기업의 리스크 관리가 매우 중요하다. 리스크 관리란 경영손실을 가져올 가능성을 지닌 불확실한 요인을 줄이기 위한 경영관리기법의 하나로 그 궁극적인 목적은 기업의 도산방지에 있다. 종래에는 기업의 생산이나 판매·서비스 활동으로부터 파생되어 발생하는 리스크만을 대상으로 하였지만, 이제는 정책의 변화, 대내외 변수, 규제 완화, 소비자 욕구의 다양화 등 사회의 움직임 그 자체가 기업의 이익에 큰 영향을 미치고 있다. 여기에 CEO 리스크뿐만 아니라 회사 내의 남녀관계에 관한 문제까지 조직풍토에 큰 영향을 끼쳐 사내 리스크 관리가 강조되고 있다. 이러한 상황에서 기업이 직면하는 리스크를 방지하거나 최소화하기 위해선 어떻게 해야 할까?

우선, 기업을 둘러싼 잠재적인 리스크 요인을 찾아내야 한다. 기업 내외에 숨어있는 리스크를 발견하기 위해서는 조직 내외 모든 정보를 활용하여 '앞으로 발생할 수 있는 리스크 확대요인이 무엇인가?' 라는 관점에서 바라보아야 한다.

리스크를 발견하는 방법에는

1) 생산 공정과 같은 흐름도에 의한 방법,

2) 재무, 생산, 판매, 근로 등 체크리스트를 작성하여 잠재 리스크를 발견하는 체크리스트에 의한 방법,

3) 자사나 다른 업계의 손실경험데이터를 추출하는 과거의 손실기록에 의한 방법,

4) 재고파악이나 검사와 같은 실사에 의한 방법,

5) 담당자로부터 리스크 요인을 보고하게 하거나 정보를 수집하는 현장보고에 의한 방법,

6) 대내외의 각종 정보로부터 리스크를 확인하는 방법 등이 있다.

다음으로 발견된 리스크를 평가해야 한다. 리스크 평가는 인식된 리스크가 발생할 가능성과 표면화되었을 때 조직에 미치는 영향 등을 파악하는 프로세스다. 발생 가능성의 선정기준 항목은 발생빈도의 단위(주 1회, 월 1회, 1년에 1회, 20년에 1회 등)별로 나누는 방법이 있다. 영향의 선정기준이 되는 항목은 금전적 손실과 기업 이미지, 인명피해 등 비금전적 손실로 나누면 알기가 쉬워진다. 그렇다고 인식한 모든 리스크를 다 관리할 수는 없다. 어떤 리스크를 관리할지를 결정하는 것은 경영자의 몫이다. 그러므로 리스크 담당자는 경영자가 우선해야

할 리스크를 판단하여 평가할 수 있도록 충분한 근거자료를 준비해야 한다.

그런 다음 이에 맞는 리스크 통제대책을 수립해야 한다. 리스크 통제대책이란 발견된 리스크를 제거하거나 경감시키는 대책으로 사고가 발생하기 전에 미리 대책을 세워 가능한 리스크를 줄이려는 접근방식이다. 여기에는 리스크의 '제거'와 '경감'이 있다. 리스크의 제거란 리스크의 발생 원인이 되는 사람, 물건, 돈, 정보와의 관계 등을 차단하는 것이다. 즉, 리스크 제거는 위험을 수반하는 활동을 정지시키거나 단념하게 하는 것이다. 리스크의 경감이란 '손실의 예방'과 '리스크 저감'의 두 가지로 나눌 수 있는데 손실의 예방은 손실빈도를 감소하거나 배제하기 위해 손실 발생 원인과 연결되는 요인을 감소시켜 배제하는 것이다. 리스크 저감은 리스크가 표면화되었을 때 회사에 미치는 영향의 크기를 줄이려는 대책을 취하는 것이다. 대부분 회사에서 실시하고 있는 매뉴얼 작성, 직원교육 강화, 내부통제 시스템 도입 등이 대표적인 리스크 통제대책들이다.

이처럼 리스크 관리는 불확실성의 관리로서 장차 사건이나 사고가 일어날지가 아닌, 반드시 일어난다는 가정하에 발생 가능성이나 영향의 경감대책을 평상시에 미리 준비하고 실행해야 한다. '어떻게 잘 되겠지.' 하는 요행으로는 나중에 큰 화를 입을 수 있다. 리스크 관리는 리스크의 발견→평가→대책의 순서에 따라 회사가 중요하다고 생각되는 것 중에서 할 수 있는 것부터 하나씩 시작해 나가는 것이 중요하다.

그렇지만 리스크 관리는 시스템이 아닌 직원의 의식에 그 본질이 있다. 아무리 완벽한 리스크 매뉴얼을 만들고 직원들에게 교육을 강화해도 행동으로 옮기려는 직원들의 의식이 없이는 공염불이 되기 쉽다. 기업에 있어서 사업 리스크의 80% 이상은 사람과 관련된 휴먼 에러에서 발생하고 있다. 결국, 기업은 사람이 운영하는 것이며, 리스크도 사람에서 비롯된다. 그 때문에 회사는 각종 리스크 중에서도 휴먼 에러의 발생을 상정한 대책을 강구하는 것이 가장 시급하고 중요하다고 하겠다.

경제적 사고와 기업가적 사고를 배양하라

"우리는 지속가능한 미래를 구축하는 데 필요한 많은 기술과 도구를 이미 가지고 있다. 우리가 가지고 있지 않은 것은 새로운 사고방식이며, 그것이 가장 어려운 부분이다."

　　　　　　　　　　　　　— 미국의 미래학자 알렉스 스테펜(1968~)

　현대에서는 살아남는 것이 중요하다. 살아남으려면 새로운 사고방식이 필요하다. 현대 사회는 매우 빠르게 변화가 일어나 기존의 사고방식으로는 새로운 상황에 대응하기 어렵다. 우리가 가진 기존의 사고방식으로는 기회가 와도 알지 못하거나, 시간이 없다고 하면서도 비생산적인 사고와 소모적 행동에 얽매이기 일쑤다. 비록 사고방식을 바꾸어야겠다는 마인드셋을 가지고 있어도 이를 행동으로 옮기지 못하는 경우가 많다. 그러나 그것이 우리의 삶에 얼마나 심오한 영향을 미치는지를 미처 깨닫지 못한다. 사고방식이란 우리의 결정을 촉구하는 특정 행동, 태도 및 사고 과정을 의미한다.

사람의 사고 과정을 보면 사고방식이 긍정적인 사람과 부정적인 사람, 그리고 그 중간인 사람으로 나눌 수 있다. 긍정적인 사고방식은 상황에 적응하고 창의적으로 접근하는 데 도움을 주는 반면, 부정적인 사고방식은 판단을 흐리고 눈을 멀게 한다. 한 가지 비밀을 말한다면 가장 성공적인 사람도 인간이다. 그들도 우리와 마찬가지로 먹고 자며, 실수하기도 한다. 그러나 그들은 창의적인 사고와 성장과 적응력을 토대로 일련의 기술을 배양하며 성공에 이르렀다. 그 성공기술이란 바로 경제적 사고와 기업가적 사고다.

경제적 사고는 마치 경제학자처럼 사고하는 방식을 말한다. 경제학자처럼 생각한다는 것은 기본적으로 의견이나 논리적 오류를 계산에 넣지 않고 사실을 분석적으로 평가하는 것을 의미한다. 경제전문가가 아니어도 누구나 배양하면 습득할 수 있는 사고방식이다. 경제학자처럼 사고하는 법을 익히면 더 나은 선택을 할 수 있다. 혼란스러운 상황에서도 쉽게 결정할 수 있다. 개인 생활에서도 현명한 결정을 내리는 데 도움을 줄 뿐만 아니라 인생의 가치를 더할 수 있고, 주변 세계를 더 잘 이해하게 된다. 좋든 싫든 자본주의 사회에 사는 현대인은 경제와 뗄 수 없는 관계다. 현실에서 전개되는 경제 현상을 잘 이해할 수 있는 지식과 사고능력이 있으면 남보다 앞선 경제인으로 살아갈 수가 있다.

경제학에서 말하는 경제적 사고를 여덟 가지로 정리하면 다음과 같다.

1. **선택중시:** 모든 선택에는 대가가 있다. 자원은 한정적이므로 주어진 자원으로부터 최대의 만족이나 편익을 얻는 선택을 해야 한다. 한꺼번에 효율성과 공평성의 두 마리 토끼를 쫓기는 어렵다.

2. **기회비용:** 이 세상에 공짜는 없다. 어떤 선택을 하게 되면 그 선택으로 인해 포기해야 하는 가치를 비용으로 따져봐야 한다. 그래야 올바른 결정을 내릴 수 있다.

3. **단순화, 추상화:** 인간의 경제 행위을 분석하기 위해 관찰→이론→관찰의 과학적 방법을 사용한다. 이를 통해 복잡한 문제라도 경제모형, 그래프로 요약하여 단순화, 추상화한다.

4. **수요와 공급:** 수요와 공급의 힘을 거스르기는 힘들다. 시장에 맡기면 상품의 가격은 수요와 공급에 의해 결정된다.

5. **인센티브(유인):** 사람들은 합리적이다. 어떤 행동을 할 때

그 행동에 따른 이득과 비용을 비교해 의사결정을 하므로 경제적 유인에 민감한 반응을 보인다. 유인은 사람들이 경제활동을 하는 원동력이다.

6. **교환의 이득**: 교환은 모든 사람을 이롭게 한다. 나라와 나라 사이에서 일어나는 국제무역도 참여하는 모든 국가에 이득이 된다.

7. **논리적 사고**: 경제적 사고의 바탕은 논리적 사고에 있다. 문제를 해결하기 위해 먼저 원인을 찾는다.

8. **한계적 사고**: 마지막 하나가 어떤 영향을 미치는지 보아야 한다. 한 시간을 더 공부함으로써 얻는 이득(경제학에서는 '한계편익'이라 함)과 희생해야 할 즐거움('한계비용'이라 함)을 비교한 후 한계비용보다 한계편익이 큰 쪽을 결정한다.

이 가운데 "이 세상에 공짜는 없다."라는 말을 많이 들었을 것이다. 이 말은 경제학의 기본적인 원리 중 하나인 기회비용과 밀접한 관련이 있다. 모든 자원이 한정적이기 때문에, 어떤 것을 선택하면 그 대안을 포기하게 되는데, 이 포기한 대안의 가치가 바로 기회비용이다. 따라서 어떤 것을 받는다고 해서 그것이 공짜가 아니며, 항상 대가가 뒤따른다. 경제적 사고를 배양하기 위해서는 경제이론의 기본인 희소성, 수요와 공급, 비용과 편익, 인센티브라는 네 가지 주요 경제개념을 이해하는 것이 필요하다.

경제학은 선택의 학문

경제학 공부는 '희소성'으로부터 시작한다. 희소성으로 인해 선택의 문제가 발생한다. 선택이란 대안들을 비교하는 것이다. 사람의 욕망은 무한하지만 이를 만족시켜 줄 자원은 한정적이다. 경제학자들은 자원의 희소성을 인식하고, 이러한 희소성에 직면하여 자신이나 타인을 위한 최선의 선택을 결정하기 위해 비용을 평가한다. 경제학에서 비용은 자원을 할당하는 과정에서 생기는 모든 손실을 의미한다. 따라서 경제학은 가능한 한 가장 효율적인 방식으로 자원을 할당하는 방법을 연구하며, 이를 통해 자원의 희소성에 대한 문제를 해결하고 경제적 효율성을 극대화하는 것이 목표다.

'수요와 공급' 역시 경제학의 가장 기본적인 개념 중 하나다. 수요와 공급은 시장에서 어떤 상품에 대한 가격을 얼마로 해야 할지 결정하는 개념에 관한 것이다. 시장에서 어떤 상품에 대한 가격을 결정하는 것은 수요와 공급의 상호작용에 따라 이루어진다. 소비자는 상품을 구매할 때 그에 대한 가격과 그 상품으로부터 얻을 수 있는 만족감 등을 고려하고, 생산자는 상품을 생산할 때 그에 대한 비용과 그 상품을 생산할 때 얻을 수 있는 이윤 등을 고려한다. 시장에서 수요와 공급이 만나는 균형점에서는 시장참여자인 소비자와 생산자 모두가 가장 만족할 수 있는 가격이 결정된다. 이러한 시장 메커니즘을 통해 자원의 효율적인 할당과 경제적 효율성이 증대되어 사회 전체의 후생이 증가한다. 자본주의는 수요와 공급에 따라 구동되는 시장 시스템을 일컫는다.

'비용과 편익'의 개념은 경제학의 기반이 되는 합리적 선택 이론과 관련이 있다. 경제학자들은 모든 사람이 합리적으로 행동한다고 가정하고 있는데, 그것은 사람들이 의사결정에서 비용 대비 이익의 비율을 최대화하려고 노력한다는 것을 의미한다. 우리가 구매 선택을 하는 방법과 이유를 설명하려고 할 때 종종 사용하는 개념이다.

'인센티브'는 수요와 공급의 운영에 있어서 생산자가 소비자가 원하는 상품을 어떻게 공급하고 소비자는 희소한 자원을 어떻게 절약하도록 하는지를 설명하는 개념이다. 어떤 상품에 대한 소비자의 수요가 증가하면 그 상품의 시장가격이 상승하여 생산자는 더 높은 가격을 받을 수 있기 때문에 더 많은 상품을 생산할 유인을 가지게 된다. 반면에 주어진 상품에 대한 원자재나 투입물의 희소성이 증가하여 비용이 상승하게 되면 생산자는 공급을 줄이게 되고 그러면 상품 가격이 상승하여 소비자는 소비를 절약할 동기를 갖게 된다.

'기업가적 사고'는 기업가처럼 세상을 보는 방식으로 기업가 정신이 그 핵심이다. 기업가의 사고방식은 문제해결 능력, 자원결합 능력, 비즈니스 모델 혁신능력 등을 담고 있다.

〔표 1〕 기업가의 사고방식

① **문제해결 능력:** 문제를 빠르게 인식하고 이를 해결하는 능력
② **자원결합 능력:** 다양한 자원을 효과적으로 결합하여 비즈니스를 창출하고 경쟁력을 확보하는 능력
③ **비즈니스 모델 혁신능력:** 기존의 비즈니스 모델을 질적으로 변화시켜 새로운 시장을 개척하고 경쟁우위를 확보하는 능력

기업가적 사고방식을 습득하면 문제를 더 효과적으로 해결

할 수 있고, 새로운 아이디어를 생각하고 구현할 수 있는 능력이 향상된다. 이러한 능력을 통해 새로운 아이디어를 비즈니스로 연결하여 경제적 자유를 높일 수 있다. 따라서 기업가적 사고를 배우고 익히는 것은 삶을 살아가는 데 아주 유용한 도구이기에 저자가 가장 중요하게 생각하는 사고방식 중 하나다. 기업가는 일반 사람들과 뭔가 다르게 생각하고 행동하며 세상을 바라본다. 긍정적이고 유연한 그들의 사고방식은 다른 사람들이 위험하다고 생각하는 곳에서 새로운 기회를 보거나, 좌절한다 해도 이를 극복하는 방법이 다르고, 다양한 환경에서 탁월한 능력을 발휘한다.

기업가적 사고는 다음 다섯 가지로 요약할 수 있다.

1. 자기 주도적이며 긍정적이다

새로운 도전을 두려워하지 않고, 적극적으로 도전하는 정신이다. 기업가적 사고를 가진 사람은 실패, 성공, 삶의 환경, 그것이 무엇이든 다른 사람을 탓하지 않는다. 상황이 변할 때 신속하게 적응하며, 행동의 결과에 대해 스스로 책임을 진다. 즉, 자기 주도적이며 매사에 긍정적이다. 다른 사람들이 한계를 보는 곳에서 가능성을 보고 문제에 대한 해결책을 생각한다. 자기 주도적이며 긍정적 태도를 기르는 가장 쉬운 방법은 '자신이 통제할 수 있는 것에 집중하는 것'과 '어떻게 하면 이것을 적극적으로 고칠 수 있을까?'를 묻는 것이다. 예를 들면 건강이 좋지 않을 때 자신이 통제할 수 있는 식단, 수면량, 운동 능력을 조절하면 건강해지고 긍정적인 상태를 유지하는 데 도움이 된다.

2. 창의적이다

대부분 기업가는 창의적인 사상가다. 아이디어를 발생시키고 이를 구체화하여 새로운 제품, 서비스, 비즈니스 모델 등을 창출하는 능력이 있다. 기업가가 창의적이지 않으면 자신의 사업을 도약시킬 수 없다. 기업가가 비록 창의적인 산업에 종사하지 않더라도 개인의 성공을 위해서는 창의성이 필요하다. 그들이 창의성을 키우게 되면 이전에는 생각하지 못했던 방식으로 문제를 해결할 수 있다. 창의성을 배양하고 학습하는 방법은 '왜?'라는 질문을 던지고 다른 관점에서 바라보도록 두뇌를 끊임없이 훈련하는 것에서 출발해야 한다.

3. 목표지향적이다

기업가적 사고는 다분히 목표지향적인 특성이 있다. 목표는 도달하는 데 도움이 되는 중요한 수단이다. 성공한 기업가는 막연한 소망이나 꿈을 품는 것이 아니라 분명한 목표가 있다. 그 목표는 100억 원을 버는 것부터 세상을 바꾸는 것까지 다양하다. 목표를 추진하는 과정에서 때로는 실패를 하고 돈을 잃기도 한다. 『부자 아빠, 가난한 아빠』의 작가이자 기업가인 로버트 기요사키는 "나는 한 번도 돈을 잃지 않은 부자를 만난 적이 없다. 하지만 나는 한 푼도 잃어본 적이 없는 가난한 사람들을 많이 만났다."라고 책에 적고 있다. 목표지향적인 사고를 갖는 방법으로는 먼저 목표를 정한 다음 목표에서부터 리버스 엔지니어링(Reverse Engineering)을 통해 거꾸로 작업하는 것이다. 즉, '내가 이것을 원한다면 저것을 해야 한다. 그런데 그러려면 이걸 해야지.' 등의 각오를 다지는 것이다. 만일 목표를 명확하게 정하지 못했다면 목표가 무엇인지 정확히 알 때까지 시간을 내어서라도 브레인스토밍을 계속해야 한다.

4. 행동 지향적이다

기업가적 사고는 비전을 실천으로 옮기기 위해 끊임없이 무언가를 추구하고 실행하는 것이 핵심이다. 여기에서 가장 중요한 것은 단순하게 생각하고 행동하는 것이다. 비전을 실행에 옮기기 위해서는 복잡한 것을 간단하게 단순화하여 실행해야 한다. 구슬이 서 말이라도 꿰어야 보배가 된다. 이러한 행동적 접근방식은 예상치 못한 기회를 만들어 낸다. 기업가들은 행동하지 않는 지식은 무의미하다는 것을 잘 알고 있다. 기업가 월트 디즈니(Walter E. Disney)는 "시작하는 방법은 말을 그만두고 행동을 시작하는 것(The way to get started is to quit talking and begin doing)."이라고 주장한다. 그는 말이나 계획만으로는 아무것도 이뤄지지 않으며, 실제로 행동에 옮길 때 비로소 무엇인가를 시작할 수 있다는 것을 강조했다. 월트 디즈니는 자신의 아이디어를 실현하기 위해 끊임없이 실험하고 새로운 것을 시도해 보는 기업가 사고방식을 가졌다. 그의 업적은 도전과 실패에서 비롯되었으며, 디즈니의 성공은 행동 지향적인 사고방식에서 비롯된 것이다. 사람들이 행동 지향적인 사고방식을 가지는 방법의 하나는 일상생활에서 작은 결정부터 실천하는 데 있다.

5. 역경과 실패로부터 배운다

기업가적 사고는 호기심이 많고 평생 지식을 추구하는 학습 지향성을 우선시한다. 기업가는 실패를 두려워하거나 피해야 할 것으로 생각하는 것이 아니라 상황을 더 잘 이해하고 미래에 더 많은 정보에 입각한 결정을 내릴 수 있는 도구로 생각한다. 성공이 멋진 것은 사실이지만 실패는 성장과 변화가 일어나게 한다. 살아가는 데 있어서 실패는 불가피하다. 하지만 실패에 대한 반응은 자신이 만든다. 물론 실패를 하는 것은 기분 좋은 일이 아니다. 그러나 실패는 무언가를 올바르게 하는 방법을 배울 수 있는 최고의 기회가 될 수 있다. 그러므로 장기적으로 성공하기 위해서는 실패를 재정의하고 실패로부터 배워야 한다. 그 방법은 실패할 때마다 부끄러워하지 말고 역경으로부터 배울 수 있어야 한다. 미국의 기업가인 짐 론(Jim Rohn)이 말했듯이 학교에서 배운 공식교육은 당신의 생계를 꾸려줄 것이지만 독학은 당신의 재산을 증식시켜 줄 것이다.

〔표 2〕경제적 사고와 기업가적 사고(요약)

경제적 사고	기업가적 사고
▶ 세상에 공짜 없다.	▶ 민첩하고 행동 지향적이다.
▶ 대안을 생각한다.	▶ 문제해결을 위해 노력한다.
▶ 선택에 따른 비용을 계산한다.	▶ 매사에 긍정적이다.

기업가적 사고방식의 사례

제이미 시미노프- 링

제이미 시미노프(Jamie Siminoff)는 발명가이자 성공한 기업 가로, 2011년에 차고에서 최초의 Wi-Fi 비디오 초인종인 링 (Ring)을 개발했다. 그는 이 제품으로 인터넷 기반의 스마트 홈 시장을 선도하면서 많은 성과를 이루었다. 2013년에는 ABC TV의 쇼인 '샤크 탱크(Shark Tank)'에 참가하여 투자할 후원자 를 찾았으나, 참여자 모두가 단호하게 거부했다. 하지만 그는 포기하지 않고 링을 개선하고, 소비자들에게 제품의 가치를 전달하면서 점점 성장해 나갔다. 마침내 이웃 범죄를 예방하 고 해결할 수 있는 유망한 보안 전문회사로 성장하게 되었다. 2018년 링은 8억 3,900만 달러(한화 1조 원)에 아마존에 인수되 었으며, 이는 샤크 탱크에 출연한 가장 성공적인 회사 중 하 나가 되었다. 제이미 시미노프의 경험은 기업가들에게 새로운 아이디어를 가진 사람들이 어려움을 겪을 수 있지만, 포기하 지 않고 지속적으로 노력하며 개선해 나가면 성공할 수 있다 는 것을 보여준다. 요컨대, 이러한 열정과 끈기는 비즈니스 성 공에 필수적인 요소 중 하나이며, 기업가로서 성장하는 데 큰 도움을 준다.

스티브 잡스- 애플

스티브 잡스는 그가 설립한 애플에서 해고되었지만, 이에 포기하지 않고 새로운 도전을 위해 픽사 애니메이션 스튜디오 (Pixar Animation Studios)를 공동 설립하였다. 취임 후 그는 픽사 애니메이션 스튜디오를 애니메이션 영화 제작의 새로운 면모로 바꾸면서 엄청난 성과를 이루었다. 그리고 다시 애플로 돌아와 벼랑 끝에 있는 회사를 되살리고, iPod와 iPhone 등의 제품개발에 주도적인 역할을 하면서 성공적인 기업가로 자리를 잡았다. 그는 결코 실패를 두려워하지 않았으며, 오히려 실패에서 배워 나가며 성장하는 것을 중요하게 여겼다. 그리고 그는 실패와 성공을 통해 새로운 아이디어를 만들어 내는 것이 비즈니스 성공에 필수적이라고 생각했다.

리프 호프만- 링크드인

세계 최대의 비즈니스 인맥 사이트 '링크드인'의 공동창업자인 리드 호프만(Reid Hoffman)은 경쟁자를 제거하고 시장을 선점하려면 미친 속도감으로 빠른 성장을 해야 한다고 조언한다. 그가 주장한 블리츠스케일링(Blitzscaling)은 믿기 힘든 속도로 엄청나게 규모를 확장하는 전략과 구체적인 원리를 설명하고 있다. 특히 그는 오늘날과 같이 불확실한 상황에서는 효율보다 속도를 우선해야 빠른 성장이 가능하다고 주장한 다. 그에 따르면 세상에 완벽한 제품을 내놓겠다는 생각보다 는 빠르게 출시한 뒤 소비자의 평가를 통해 업그레이드하는 것이 현명한 방법이다. 그는 민첩한 행동을 통한 빠른 성장추 구라는 기업가적 사고방식으로 1997년 온라인 데이트 서비스 '소셜넷'의 창업, 페이팔의 수석 부사장, 페이팔에서 퇴사 후 수많은 스타트업에 대한 성공적인 투자, 그리고 링크드인 창 업으로 이어져 '연결의 왕', '실리콘밸리의 새로운 신' 등으로 불리며 성공 가도를 달리고 있다.

경제적 사고와 기업가적 사고는 상황은 다르더라도 누구나 배울 수 있다. 물론 하룻밤 사이에 배울 수 있는 것은 아니지 만, 위에 열거한 내용을 하나씩 익히다 보면 습관으로 이어질 수 있다. 안락한 의자에서 위대한 일은 거의 발생하지 않는 다. 처음에는 어려울 수 있지만, 시간과 노력을 들여 익혀나가 면 습관이 되어 자연스럽게 적용할 수 있게 된다. 가장 빠른 방법은 경제학자나 기업가가 되는 것이겠지만, 그렇게 하지 않아도 직장에서, 일상생활에서, 가정에서 경제적 사고방식과 기업가적 사고방식을 얼마든지 배양할 수 있다. 나아가 이러한 사고방식은 각 개개인뿐만 아니라 우리 사회 전반에 스며들어와 있어야 한다. 정부에 있어야 하고, 대기업에 있어야 하고, 비영리 기관에 있어야 하고, 그리고 교육 기관에도 있어야 한다. 그 이유는 10년 전의 사고가 지금의 현실을 만들고 우리 자신과 주변 세계를 보는 방식에 따라 꿈을 꾸고 성취하는 능력에 영향을 미치기 때문이다. 특히 위 사고방식은 뷰카 시대에 생존전략을 구사하거나 부를 쌓는 데 아주 유용한 도구여서 그 중요성이 매우 크다고 하겠다.

성공한 기업가의 마인드셋

"내가 성공할 수 있었던 것은 최고의 조언을 정중하게 듣고 나서
그 반대의 행동을 했기 때문이다."

― 영국의 작가 G.K. 체스터튼(1874~1936)

어느 날 한 남자가 뉴욕시에 있는 한 은행으로 걸어 들어가
대출 담당자를 찾았다. 그는 대출 담당자에게 2주간 출장으
로 필리핀에 갈 예정인데 $5,000(약 6백만 원)을 빌리고 싶다고
했다. 은행직원은 그에게 대출을 위해 일정 형식의 담보나 보
증이 필요하다고 말했다.

그러자 그 남자는 은행 앞에 주차한 새 자동차 페라리의
열쇠를 주었다. 그는 권리 증서를 만들어 주고 모든 것을 확
인했다. 대출 담당자도 대출에 대한 담보로 페라리를 받기로
동의했다. 은행지점장과 직원들은 모두 $5,000 대출에 대해

$250,000(약 3억 원)짜리 페라리를 담보로 쓴 남자를 두고 웃었다.

그리고 은행직원 중 한 명이 그 페라리를 은행의 지하 주차장으로 몰고 가 그곳에 주차했다. 2주 후 그 남자가 돌아와서 $5,000과 그에 대한 이자 $15.41을 갚았다. 대출 담당자가 말했다. "손님, 우리는 거래를 하게 되어 매우 기쁘고 이 거래는 매우 잘 이루어졌으나 우리는 조금 이해가 되지 않습니다. 당신이 출장 가 있는 동안 우리는 당신에 관해서 조사했고 당신이 수백만 달러를 소유하고 있다는 것을 알게 되었습니다. 우리를 혼란하게 했던 것은 왜 당신이 성가시게 $5,000을 빌리려고 했는가 하는 것입니다."

그 백만장자는 대답했다. "뉴욕시 어디에서 $15.41을 내고 주차를 할 수 있으며, 내가 돌아왔을 때 그것이 거기 있을 것이라고 믿을 수 있겠습니까?"

위 사례는 백만장자의 경우이지만 성공한 기업가의 마인드셋을 보면 보통 샐러리맨의 마인드셋과는 다른 차이가 있다. 샐러리맨의 마인드셋은 '시간'으로 무엇인가를 얻는 '시급'이 기준이다. 정해진 시간에 출근해서 회사 일을 하고 퇴근을 하기까지 시간당 기준으로 급여가 지불된다. 이에 반해 기업가의 마인드셋은 '결과'로 뭔가를 얻는 '성과급'의 사고방식이 지배적이다. 그래서 기업가는 많은 성과를 내기 위해 샐러리맨보다 더 많이 노력하고 다르게 행동한다. 특히 시간을 단축하는 데 투자를 아끼지 않는다. 재벌기업가가 거액의 돈이 드는 전용비행기를 구입하는 이유도 시간을 단축하기 위한 것이다.

내가 만나본 성공 기업가는 푼돈을 아끼며 돈 관리를 한다. 적은 돈을 잘 관리하면 큰돈은 스스로 관리된다는 생각이 성공 기업가로 남을 수 있는 이유다. 그런 측면에서 기업가는 사업에서 성공을 거두기 위해 확실한 마인드셋을 구축할 필요가 있는데, 구체적으로 어떠한 마인드셋을 가져야 할까?

먼저 생각을 바꿔야 한다. 기업가는 주변 사람의 생각을 바꾸려 하지만 바꿀 수도 없고, 바꾸려 해서도 안 된다. 바꿀 수 있는 것은 자신의 생각밖에 없다는 것을 알아야 한다. 자신의 생각을 바꾸면 자신의 행동이 변화한다. 여기서 자신의 행동이란 매일의 행동이나 자신의 습관 등을 가리킨다. 사람의 행동은 모두 생각(=마인드셋)이 지배하고 있어서 사고방식이

변하면 행동이 달라지고 행동이 바뀌면 결과(얻는 미래)가 바뀐
다. 미국 스탠퍼드대학교 캐럴 드웩 심리학 교수는 능력은 변
하지 않는다고 믿는 '고정 마인드셋'을 가진 사람들에 비해 능
력은 얼마든지 발전시킬 수 있다고 믿는 '성장 마인드셋'을 가
진 사람들이 성공할 가능성이 확연히 크다는 연구결과를 발
표했다.

　다음으로 자신의 머릿속에 있는 생각을 행동으로 옮길 줄
알아야 한다. 앉아서 성공할 수 있을 정도로 세상은 호락호
락하지 않다. 행동의 끝에만 성공이 있다. 보통사람은 불안과
공포에 사로잡히면 행동을 주저하게 된다. 마찬가지로 많은
기업인이 성공하지 못하는 원인에는 1) 성공으로 이어지는 행
동을 하고 있지 않고, 2) 성공으로 이어지는 행동을 지속적으
로 할 수 없으며, 3) 행동할 수 없는 이유(=변명)를 찾기 때문
이다. 말로는 성공을 위해 어떤 노력과 투자도 아끼지 않는다
고 하면서 정작 행동으로 옮기지 않는다면 성공은 공염불에
지나지 않을 것이다. 성공은 날마다 반복되는 노력의 합이다.
성공한 기업가는 어떻게 해야 불안과 공포를 떨쳐내고 목표달
성을 할 수 있을지를 끊임없이 생각하고 이를 행동으로 옮긴
사람들이다.

〔그림 15〕마인드셋의 중요성

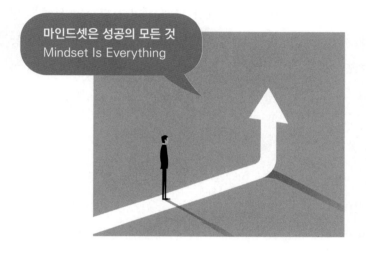

〔그림 15〕마인드셋의 중요성

마인드셋은 성공의 모든 것
Mindset Is Everything

마지막으로 좋은 습관을 익혀야 한다. 사람들의 사고방식은 하루아침에 바뀌지 않는다. 마치 운동선수의 트레이닝과 같이 요령을 반복하여 꾸준히 쌓아가야 자신의 내면이 바뀌는 법이다. 아무리 돈 버는 테크닉을 배웠다고 해도 성공하기 위한 좋은 습관이 몸에 배어있지 않으면 전혀 의미가 없다. 잘못된 습관으로 인해 힘들게 쌓아온 공든 탑이 하루아침에 무너진 사례는 얼마든지 있다. 그런 점에서 기업가가 가져야 할 가장 좋은 습관 중 하나는 실패할 때마다 일어서는 끈기다. 성공은 넘어지는 횟수보다 한 번 더 일어나는 것으로 구성되어 있다. 반면에 실패란 중도의 포기로서 일이 잘되지 않거나 생각대로 되지 않을 때 행동을 멈추는 것을 말한다.

사람의 마인드셋은 단편적인 요소로 정해지는 것이 아니라 여러 가지 요소가 얽혀 전체적으로 형성된다. 그 안에는 그 사람의 생각, 가치관, 경험, 교육, 선입견, 그리고 신념도 포함된다. 이렇게 형성된 마인드셋의 차이가 성공한 사람과 그렇지 않은 사람으로 갈라놓는다. 기업가 역시 단순하면서도 간단한 위의 3가지 마인드셋을 확실히 구축했는지가 기업의 성공과 실패를 결정짓는다.

앙트레프레너와 생존

"기업의 생존 부등식은 '가치 > 가격 > 원가'다. 즉, 제품의 가치
(V)가 제품의 가격(P)보다 크고 제품의 가격은 제품의 코스트(C)보
다 커야 한다."

— 서울대 명예교수 윤석철(1940~)

    기업가를 뜻하는 '앙트레프레너(Entrepreneur)'라는 단어는 프
랑스어로 '시작하다', '착수하다'라는 의미를 담고 있다. 18세
기 프랑스 경제학자 리샤르 캉티용(Richard Cantillon)이 처음 학
문적으로 정의한 용어다. 앙트레프레너는 새로운 아이디어와
창조적인 사고, 행동력, 비즈니스 감각 등을 가지고 새로운 비
즈니스를 창출하고 성장시키는 사람을 의미한다. 제1차 산업
혁명에서 제4차 산업혁명에 이르기까지 인류의 눈부신 발전
은 왕성한 기업가정신을 지닌 수많은 앙트레프레너의 행동에
힘입은 결과라고 해도 과언이 아니다. 그만큼 앙트레프레너가
인류발전에 끼친 영향은 지대하다.

오늘날 경제 강대국들은 앙트레프러너들이 차별받지 않고 자유롭게 기업을 영위하도록 허용하는 생태계를 조성하여 경제발전을 이루고 있다. 특히 미국은 앙트레프레너를 우대하고 앙트레프레너십(기업가 정신)을 강조하는 나라로, 기업가 신조가 깊이 뿌리를 내리고 있다. 1776년 토마스 페인(Thomas Paine)의 "나는 평범한 인간이 되는 것을 거부한다."로 시작되는 '기업가 신조'는 앙트레프레너들에게 금과옥조처럼 받들어지고 있다. 민간의 카우프만재단은 프론티어 유전자를 지닌 미국 국민을 대상으로 앙트레프레너십을 고취시켜 미국을 세계에서 제1의 경제 강국이 되도록 큰 역할을 하고 있다. 여기에 이민자를 받아들이는 문호개방으로 재능있고 역량 있는 앙트레프레너들이 속속 모여들게 되었다. 그러니 쟁쟁한 앙트레프레너가 나올 수밖에.

한국은 사업자의 비중이 경제활동인구의 1/3에 가까울 정도로 사업자 비중이 높다. 많은 사람이 창업에 도전하고 있지만, 대부분이 소상공인이다. 한국에서 앙트레프레너십이 발전하지 못하는 이유는 다양하다. 불확실성과 실패에 대한 두려움, 자본조달의 어려움, 제도적 제약 등이 이에 해당한다. 더구나 기업 간 경쟁이 치열해지면서 전 세계적으로 '기업 단명화의 시대'로 불릴 만큼 기업의 수명은 해를 거듭할수록 짧아지고 있다. 불확실성과 실패에 대한 두려움과 기업수명의 단명으로 인해 '살아남는 것이 성공이요, 끝까지 살아남는 것이야말로 진정으로 성공인 시대'가 되고 있다. 끝까지 살아남기위해서는 종의 보전을 계속하고 있는 생물과 마찬가지로 앙트레프레너 스스로 각각의 상황에 맞는 생존전략을 선택하고활용해 나갈 필요가 있다. 전략의 본질은 '하지 않는 것을 선택하는 것'이다.

세계를 혼란에 빠뜨린 코로나바이러스조차 살아남기 위해교묘하게 변이를 거듭하고 있다. 바이러스의 기원을 1만 년전이라고 하는 것이 유효한 설로 받아들여지고 있는데 1만 년전이라고 하면 문명이 탄생하고 사람이 야생동물을 가축화한 시기와 겹친다. 일반적으로 바이러스는 먹이를 섭취하지도않고, 성장하지도 않아 혼자서 살아갈 수가 없다. 바이러스는다른 생물의 세포 안에서만 번식할 수 있어 학문적으로 생물체로 분류하지 않고 있다. 과학자들은 생물조차 모르는 바이러스에 변이라는 기능이 왜 내장되어 있는지 매우 신기해한다. 결론적으로 말하면 '생존전략'에 있었다. 증식해서 살아남는 것이 그들의 '목적'인 것이다.

그동안 기업을 연구하는 학자들은 기업의 생존에 대한 많은 구동원리와 법칙들을 발견했다. 그중 오래 살아남는 기업을 보면 공통으로 두 가지 특징이 있다. 하나는 기업의 목적을 단순히 돈벌이가 아닌 업계와 사회, 고객에게 영향을 주는데 두고, 또 다른 하나는 사회성 있는 비즈니스를 전개하고 있다는 점이다. 사회에 좋은 영향을 주고 싶다는 목적을 지닌 앙트레프레너는 자신이 가야 할 길이 명확해서 동화에 나오는 토끼와 거북이처럼 뚜벅뚜벅 1보씩 전진하여 마침내 목표에 접근하여 장수기업을 이어간다는 것이다. 중세 페르시아의 시인 사디(Saadi)의 말처럼 바람처럼 빨리 달리는 말은 점점 속력이 둔해지지만, 낙타를 부리는 사람은 여행지까지 줄기차게 걸어가는 것이다.

최근 기업경영에서는 ESG가 중요한 키워드로 부각되고 있다. ESG란 Environment(환경), Social(사회), Governance(지배 구조)의 이니셜을 따서 만들어진 단어로, 기업이 지속가능한 경영을 추구하면서 환경 문제, 사회 문제, 그리고 지배구조 문제를 고려하고 해결하도록 하는 것을 의미한다. 단순히 이익추구를 위한 경영에서 벗어나 지속가능한 경영을 추구하려면 환경과 사회 문제를 고려해야 한다는 것이다. 지속가능성은 기업의 생존 문제로 간주될 때 엄청난 변화를 만들 수 있다. ESG라는 말이 본격적으로 회자되기 이전부터 우리가 잘 아는 CSV, CSR, SDGs가 있었다. 기업공유가치(Corporate Shared Value: CSV)는 기업이 사회적 가치 창출을 통해 자신의 가치와 이익을 동시에 추구할 수 있는 지속가능한 경영 모델과 관련된다. 기업의 사회적 책임(Corporate Social Responsibility: CSR)은 기업이 사회적 책임을 다하고 지속가능한 경영을 추구하도록 하는 지침으로, 기업의 이해관계자들을 포함한 사회적 기대에 부응할 것을 요구한다. 지속가능한 개발목표(Sustainable Development Goals: SDGs)는 기업이 경영 활동을 통해 지속가능한 경제적, 환경적, 사회적 가치를 창출하도록 돕는 지침이다. 이러한 일련의 활동은 결국 기업의 생존, 즉 살아남기다. 이들은 기업 활동에서 창출되는 리스크를 미리 회피하기 위한 지침이자 종국적으로는 지속가능한 생존에 방점을 두고 있다. 그런 만큼 기업이 지속가능한 생존을 하려면 개별기업을 넘어 장기적으로 자본주의 성장과 인류가 목표로 하는 미래까지 내다볼 수 있는 안목을 가져야 한다.

그동안 어떻게 해야 기업이 오랫동안 살아남을 수 있고 성공할 수 있는지에 대한 다양한 의견이 제시되었지만, 정형화된 정답과 해법이 있는 것은 아니다. 많은 학자의 문헌 참고와 성공한 사람들의 생생한 이야기, 그리고 저자들이 그동안 기업과 마주한 현장에서 보아온 경험을 통해서 기업의 생존 전략을 하나의 방정식을 정리해보면 크게 '생각'×'습관'×'자원과 역량'의 측면으로 귀결된다. 그러나 앙트레프레너는 그 어원에서 알 수 있듯이 자신의 아이디어를 실천에 옮겨 시작하는 사람을 말한다. 시작하는 사람과 그렇지 않은 사람의 차이는 매우 크다. 사람들이 망설일 때 위험을 감수하며 과감하게 사업에 뛰어드는 사람— 그래서 사람들은 앙트레프레너를 존경한다. 아니 존경해야만 한다. 더욱이 한국이 저성장과 저출산, 고실업과 고령화가 진행된 속에서 앙트레프레너는 우리 사회의 대안이고 희망이다. 경제를 성장시키고 고용을 창출할 뿐만 아니라 앙트레프레너에 의해 세상은 끊임없이 재창조되고 혁신되고 있다. 그런 점에서 앙트레프레너의 능력과 경험은 기업가 정신과 더불어 정부나 공공기관, 어느 조직에서도 대우받고 활용되어야 한다. 앞으로는 앙트레프레너의 경험 여부가 리더의 중요한 잣대가 되는 시대가 올 것이다.

앙트레프레너가 되는 것을 자랑스럽게 여기는 사회, 그것이 위대한 사회라는 걸 우리는 알아야 한다.

뷰카 시대에 대처하는 법

"과거의 영웅적 관리자는 모든 것을 알고, 모든 것을 할 수 있고, 모든 문제를 해결할 수 있었던 반면, 이후의 영웅적 관리자는 다른 사람의 처리 능력을 개발하는 방식으로 모든 문제를 해결할 수 있는 방법을 묻는다."

– 아일랜드 출신의 경영이론가 찰스 핸디(1932~)

앞이 보이지 않는 뷰카 시대가 전개되고 있다. 뷰카(VUCA)란 Volatility(변동성), Uncertainty(불확실성), Complexity(복잡성), Ambiguity(모호성)의 영문 머리글자로, 사회나 경제정세가 그만큼 예측하기 곤란한 상황을 가리키는 말이다. 1990년대 후반에 미국에서 냉전 종식 후의 복잡한 국제정세를 뜻하는 군 사용어로 사용되다가 2010년대부터 업계에서 많이 다루어지고 있다.

그 배경에는 IT의 혁신이 있다. 1990년대 후반부터 2000년의 기간은 IT 혁명으로 산업과 경제의 구조가 크게 바뀌었다.

지금과 2000년대 전반을 비교하면 더욱 큰 변화가 일어나고 있다. 특히 2010년경부터 스마트폰이 널리 보급되기 시작하면서 사람들의 생활이 바뀌고 새로운 비즈니스 모델이 속속 등장하고 있다. 그렇다면 뷰카가 무엇을 제시하는지 시대 배경과 함께 살펴보자.

변동성의 가장 큰 요인은 혁신이다. 혁신이 일어나면 기존의 비즈니스 모델이 무너지고 변동이 심하여 살아남기가 쉽지 않다. 아무리 유망한 비즈니스 모델이라도 새로운 추종 비즈니스가 나타나면 시장을 쇠퇴시켜 버린다. 변동성의 한 예로 SNS 서비스의 변천을 살펴보면 2000년대 선풍적 인기를 끌었던 국내 싸이월드가 2008년경부터 페이스북, 트위터, 카카오 등으로 대체되면서 지금은 극히 적은 사람만 사용하고 있다.

불확실성은 미래를 전혀 예측할 수 없게 만들고 있다. 그 대표적인 것이 자연재해다. 과거에 유례가 없는 비정상적인 강우와 고온 등의 영향으로 여러 가지 예상치 못한 피해가 발생하고 있다. 자연재해뿐만 아니라 정치에서도 드라마틱한 변화가 갑자기 일어나고 있다. 영국이 EU에 잔류할 것이라고 경제학자들은 예측했지만 보기 좋게 빗나갔다. 미국에서는 2016

년 11월 대선에서 트럼프가 대통령이 될 수 없다고 예측한 전문가들이 많았으나, 막상 뚜껑을 열어보니 완전히 반대의 결과가 나왔다.

복잡성으로 인해 세계 경제는 복잡하게 얽히고설켜 있다. 복잡성의 대표적인 것이 각국의 법률, 습관, 문화다. 해외에서 새로운 혁신을 일으킨 서비스가 있다 해도 해당 국가의 법규제와 복잡하게 관련된 나머지 보급되지 못하는 상황이 종종 발생한다. 승객과 차량을 연결하는 플랫폼 서비스인 우버택시는 세계 각국의 택시 관련 법령과 정면으로 충돌해 불법 논란이 끊이지 않고 있다. 같은 식품이라도 소비자의 기호와 관심은 다양하고 각국의 법에 근거한 성분표시의 차이에 대한 대응이나 종교에 의한 식재료의 선정도 복잡성의 한 단면이라고 할 수 있다.

모호성은 경계 구분을 모호하게 하는데 특히 IT의 진화로 더욱 심화되는 양상이다. 모호성을 가져오는 대표적인 것이 사람들의 가치관이다. 사람의 가치관에 의해 소비자의 생각과 움직임이 급격하게 바뀌기 때문에 과거의 마케팅 수법은 점점 통용되기 어려워지고 있다. 앞으로도 업계를 초월한 경쟁이 활발해지는 가운데 더 많은 혁신이 생겨나고, 그 혁신이 사회와 경제에 어떤 영향을 가져올지는 아무도 예측하기가 어렵다. 그런 상황에서는 무엇이 정답이 될 것인가가 모호해진다.

이러한 뷰카 시대에 기업이 살아남기 위해서는 어떤 자세를 가져야 할까?

첫째, 유연한 사고방식을 가져야 한다. 뷰카 시대에는 정답이 없다. 그래서 하나의 목표에만 국한해서는 안 된다. 여러 개 목표를 가져도 괜찮다는 유연한 자세를 가져야 한다. 10년 앞을 내다보는 것이 어려운 시대이기 때문에 비전이나 정답이 없어도 크게 문제가 될 것이 없다. 중요한 것은 자기 나름의 정보를 취사 선택하고 유연하게 행동을 바꾼다면 뷰카 시대를 살아갈 수 있을 것이다.

둘째, 시대에 뒤처지지 않도록 끊임없이 배워야 한다. 당연하다고 생각했던 가치관이 어느 날 갑자기 바뀔 수 있는 것이 뷰카 시대다. 사람은 가치관이 무너지면 망설이게 되는데 이를 방지하기 위해서는 시대의 변화에 대응할 수 있는 폭넓은 교양과 지식을 쌓아야 한다. 그 시발점은 '왜?'라는 의문을 품는 데서 시작한다. 점과 점을 연결하면 선이 되고, 선과 선이 연결되어 면적이 된다. 그 면적을 흔히 교양이라고 부르고 있다. 교양의 폭을 넓혀간다는 것은 점점 세상이 변해갈 때의 대응성을 높이는 요인이 된다.

셋째, 생각난 것을 바로 실행할 수 있는 신속한 행동력이 요구된다. 뷰카 시대에서는 성과를 내야만 살아남을 수 있다. 그러자면 실패를 두려워하지 않고 기민한 행동을 할 수 있어야 한다. 그 이유는 조심스럽게 돌다리를 두드리고 있는 동안 환경은 점점 변화하여 앞서 나가기 때문이다. 아이디어가 있으면 먼저 시도해 보고 실패하면 바로 그만두면 된다. 그리고 잘 될 것 같으면 계속하면 된다. 중요한 것은 상황이 바뀐 시점에서 비로소 대처법을 생각하는 것이 아니라 예상되는 상황의 다양한 패턴을 항상 머릿속에 몇 가지 나열해 놓도록 해야 한다. 그러면 뷰카 시대에 당황하지 않고 다음 스텝을 준비할 수가 있다.

넷째, 협업을 통해 가치를 공유해야 한다. 회사 내 문제의 상당 부분은 협업의 의미를 완전히 이해하지 못한 데서 발생한다. 진정한 의미의 협업은 '공동의 목표를 향해 함께 일하는 두 명 이상의 사람들과 가치를 공유하는 것'이다. 회사 내에 아무리 뛰어난 능력의 소유자가 있어도 혼자서는 불가능하다. 내부 직원, 리더, 고객, 파트너와 경청하고, 관련 질문을 하고, 문제를 이해하기 위해 시간을 할애함으로써 회사의 공유비전과 공유가치를 동일시할 때 뷰카 시대를 극복할 수 있다.

〔그림 16〕 VUCA의 대응전략

Volatility	➔	Vision
Uncertainty	➔	Understanding
Complexity	➔	Clarity
Ambiguity	➔	Agility

미국 실리콘밸리에 있는 미래연구소의 미래학자인 밥 요한슨(Bob Johansen)은 부정의 VUCA 대신 다음과 같이 긍정의 VUCA(Vision, Understanding, Clarity, Agility)로 대응할 것을 주문하고 있다.

1) 변동성의 대응은 미래와 목적을 구체화 시키는 비전(Vision)으로,

2) 불확실성의 대응은 경쟁우위 확보를 위한 상호연결성의 이해도(Understanding)를 높이는 것으로,

3) 복잡성에 대한 대응은 혼란을 피하고 더 나은 관계를 구축하는 단순함과 명확성(Clarity)으로,

4) 모호성에 대한 대응은 위협에 신속하게 대응하는 유연성, 민첩성을 지닌 애자일 전략(Agility)으로 접근하도록 하고 있다.

성공 기업은 혁신을 통해 빠른 방식으로 목표를 추구하고 민첩한 사고방식을 통해 적응력을 높이고 있다. 고유한 경험을 활용하여 복잡함을 하나씩 제거하고 있다. 불확실성과 모호성에도 불구하고 시행착오를 통해 조정이 이루어지고 더 빠른 해결이 이루어지고 있다. 이처럼 뷰카 시대에는 부정의 VUCA 대신 긍정의 VUCA로 대응해야 살아남을 수 있다.

연결의 가치, 플랫폼 비즈니스에 주목하라

"보이지 않는 실이 가장 강한 끈이다."

- 독일의 철학자 프리드리히 니체(1844~1900)

미국의 유명한 벤처 캐피탈 회사인 안드레센 호로위츠사의 공동창업자인 마크 안드레센은 2011년 8월 20일자 월스트리트저널에 기고한 글에서 "소프트웨어가 세상을 지배하고 있다 (Software is Eating the World)."라고 밝혔다. 하지만 지금은 소프트웨어 대신 플랫폼이 세상을 지배하고 있다. 요즘 잘 나가고 있는 미국의 GAFA(구글, 애플, 페이스북, 아마존)와 중국의 BATH(바이두, 알리바바, 텐센트, 화웨이), 일본의 라쿠텐, 한국의 카카오와 쿠팡, 배달의 민족 등이 모두 플랫폼 기업이다.

시장가치가 1조 원 이상인 비상장 스타트업 기업에 속한 유니콘도 플랫폼 기업이 대부분을 차지하고 있다. 특히 미국은 혁신적인 생각을 지닌 소수의 천재들이 플랫폼을 활용하여 세상을 바꿔가고 있다. 공교롭게도 실리콘 밸리 등 미국 서해안에 둥지를 틀고 있는 GAFA의 창업자 모두는 이민의 피가 흐르고 있다. 구글의 창립자 래리 페이지와 세르게이 브린은 유대계 러시아 이민자의 자녀이며, 애플의 창업자 스티브 잡스의 아버지는 시리아 출신, 페이스북의 마크 저커버그 부인 프리실라 챈은 베트남계 중국인 난민, 아마존의 제프리 베조스의 양아버지는 쿠바 이민자 출신이다.

문제는 플랫폼이 무엇이기에 이토록 세상을 지배하며 기존의 경제규칙까지 깨뜨리고 있는 것일까? 플랫폼이란 간단히 말하면 혼자서 1억 원을 버는 것이 아니라, 10명이 100억 원을 버는 구조이다. 그 비결은 상호연결에 있다. 플랫폼 개발자는 공급 측면의 생산자와 수요 측면의 소비자를 연결한다. 이때 연결된 참여자 수가 많을수록 가치가 높아지는 네트워크 효과가 발생한다. 네트워크 효과란 네트워크에 가입한 사람의 편리성뿐만 아니라 네트워크에 소속한 다른 사람의 편리성도 커지는 것을 말한다.

네트워크 효과가 발생한 가장 큰 원인은 플랫폼 참여자의 비용을 절감해 주기 때문이다. 예를 들면 사람들이 어떤 자료를 찾으려면 많은 시간과 노력을 기울여야 한다. 그러나 구글이나 네이버에서는 검색비용을 지불하지 않고도 원하는 것을 쉽게 찾을 수 있다. 이처럼 플랫폼의 경우에는 돈이 들지 않거나 적은 비용으로도 참여자에게 경제적 이익을 가져다준다. 이것이 소비자의 잉여다. 우버 X는 일반 운전자와 함께 개인 자동차를 제공하는 저렴한 서비스로 2015년에만 미국 시카고, 뉴욕, 로스앤젤레스, 샌프란시스코 4개 도시의 소비자 잉여를 29억 달러(3조 3,000억 원), 미국 전체로는 68억 달러(7조 8,200억 원)를 창출한 것으로 경제학자들은 추정했다.

〔그림 17〕 플랫폼 네트워크 효과

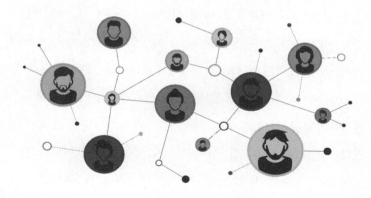

플랫폼 비즈니스가 기존 비즈니스 모델과 다른 점은 제품을 생산하거나 소유하지 않더라도 연결만으로 새로운 시장을 창출해간다는 점이다. 기존의 제조업은 생산자에서 소비자로 이어지는 파이프라인 형태의 선형구조였다. 그러나 플랫폼 비즈니스는 '메카프의 법칙(Metcalf's law)'처럼 연결된 사용자 수의 제곱에 비례하는 네트워크 효과로 고객가치를 무한정 증식시킬 수 있다. 아무리 넓은 백화점도 몇십만 명을 수용할 수 없고 물건을 찾기가 어렵지만, 온라인 플랫폼에서는 필요한 제품과 서비스를 제공하는 회사를 연결하여 물건을 쉽게 찾을수가 있다. 그래서 가치가 높은 플랫폼에는 사용자가 몰리는 쏠림현상이 나타나 큰 규모의 거대 기업이 나오고 있다.

이러한 배경에는 인터넷과 스마트폰 사용자가 자리 잡고 있다. 2023년 1월 기준으로 현재 전 세계 인구의 51.2%인 39억 명이 인터넷 가입자이고, 3분의 2 이상이 휴대전화를 사용하고 있으며, 스마트폰 사용자는 54억 4,000만 명에 달하고 있다. 이들이 하루에 최소 3시간 스마트폰을 이용한다. 구글의일 인당 평균 검색 횟수는 하루 4~5회에 달한다. 현재 페이스북 가입자는 27억 명, 유튜브 가입자는 20억 명이다. 이런 플랫폼은 잠도 들지 않는다. 지구촌 이용자들이 24시간 네트워크로 몰려드는 선순환의 생태계가 구축되면서 글로벌 차원의 기업으로 급성장하게 된다. 이것이 플랫폼의 매력인 네트워크 효과를 만들어 내고 있다.

플랫폼 네트워크의 효과를 잘 알고 있는 페이스북 창업자 마크 저커버그는 2014년 메신저 앱 왓츠앱(WhatsApp)을 190억 달러(한화 약 20조 원)에 인수했다. 인수 당시 종업원 55명, 매출액 1,020만 달러(한화 110억 원)에 적자 규모는 1억 3,800만 달러(한화 1,500억 원)에 달했다. 이런 적자기업을 마크 저커버그가 천문학적 돈을 들여 인수한 까닭은 왓츠앱의 성장 가능성이었다. 당시 왓츠앱의 이용자 수는 4억 5,000만 명이었으나, 지금은 26억 명에 이르러 유럽 기반시장을 바탕으로 전 세계 모바일 메신저 점유율 부동의 1위를 달리고 있다. 결과적으로 저커버그는 규모의 경제와 네트워크 효과를 결합한 승자독식의 거대한 플랫폼 기업을 일구어냈다.

재일교포 3세 손정의 역시 2000년도에 신생기업에 불과한 중국의 알리바바 마윈을 만나 2천만 달러(약 200억 원)를 투자하여 알리바바를 세계적인 플랫폼 기업으로 성장시키는데 크게 기여했다. 한국의 쿠팡에 대해서도 소프트뱅크와 소프트뱅크 비전펀드(SVF)를 통해서 2015년과 2018년에 각각 10억 달러와 20억 달러, 총 30억 달러(한화 3조 3,000억 원)를 투자했다. 한국 이커머스 시장의 성장성과 쿠팡의 로켓배송이라는 AI 기반의 잠재력을 높이 보았기 때문이다. 그리고 마침내 2021년 3월 12일, 미국 뉴욕증권거래소에 상장한 쿠팡은 데뷔 첫날 40% 넘게 치솟아 시총이 100조 원을 찍었다. 애플과 구글 역시 무수한 소비자와 개발자를 연결해 지금까지 없는 거대한 네트워크를 구축했다.

애플과 구글이 승리를 거둔 것은 기능과 기술이 뛰어났기 때문이 아니라 플랫폼이라는 새로운 시장을 창출하고 새로운 가치의 근원을 활용했기 때문이다. 이러한 시대적 변화에 발맞추어 미·중 기업은 모든 역량을 플랫폼 구축에 집중하고 있다. 전통적 제조업도 빠르게 플랫폼 체제로 전환하고 있다. 플랫폼의 세계로 이동하지 않으면 치열한 경쟁에서 살아남을 수 없기 때문이다. 미국은 혁신적 아이디어를 지닌 창업가를 지원하는 생태계가 플랫폼 강국의 원동력이 되고 있다. GAFA는 생각하고(구글), 느끼며(페이스북), 소비하고(아마존), 본능에 따르는(애플) 플랫폼을 완비하고 있다.

중국은 국가 주도하에 규제 없이 사업을 허용하는 정책을 취해 BATH와 같은 세계적 플랫폼 기업을 만들어 냈다. 어디를 가도 대부분의 결제는 스마트폰을 이용한 QR코드 체제로 이루어져 이 분야에서는 미국보다 앞서 나가고 있다. 앞으로도 AI, 딥러닝을 활용한 플랫폼 영역을 계속 확대해 나간다는 계획이다. 일본은 제4차 산업혁명의 원활한 진전을 위해서 규제 개선과 데이터 활용을 핵심정책 과제로 선정해 플랫폼 전략에 많은 공을 들이고 있다. 손정의가 이끄는 소프트뱅크와 1,000억 달러 규모의 소프트뱅크 비전펀드를 통해 세계 곳곳의 플랫폼 기업에 천문학적인 투자를 해오고 있다. 도요타와 자동차 부품업체 덴소 등 민간제조업은 플랫폼 기업으로의 변신을 꾀하며 우버 등 플랫폼 기업투자에 적극적으로 나서고 있다.

연결과 개방성이 플랫폼의 성공 비결

플랫폼은 연결과 개방성이 성공의 비결이다. 아무리 사용자 수가 많아도 상호연결이 없다면 네트워크의 가치는 만들어지지 않는다. 개방성은 소스코드를 공개하여 전 세계 누구나 소프트웨어의 개발과 개량에 참여할 수 있게 하는 것을 말한다. 성공한 많은 플랫폼 기업이 오픈소스를 취하는 것도 이 때문이다.

 그래서 플랫폼 기업을 창업하거나 기존 기업을 플랫폼 기업으로 변신하려면 연결과 개방성을 기반으로 한 치밀한 전략을 세워야 한다. 그 전략이란 어떻게 하면 생산자와 소비자의 양쪽 모두에게 큰 가치를 창출할 수 있는지에 역량을 집중하고 뛰어난 개발자를 모으는 것이다. 다시 말하면 '어떤 신제품을 만들까?'보다 '어떤 플랫폼을 만들어 거기서 누구와 누구를 매칭할까?'를 고민해야 한다. 그렇다고 연결만으로 가치가 만들어지는 것은 아니다. 연결로 가치를 높이려면 먼저 어떻게 해야 더 많은 사용자를 끌어들이고 오래 머물러 있게 하는가에 역점을 둬야 한다. 그렇게 되면 나중에 사용자가 몰려드는 상호 가치교환이 가능해져 폭발적으로 시장가치를 창출할 수 있다. 수익은 저절로 따라오게 된다. 나아가 오픈소스 방식을 통해 끝없이 서비스의 수준을 높이는 콘텐츠의 질적 관리가 필요하다. 이것이 플랫폼 기업의 공통적인 성공전략이다. 그렇지 않으면 0과 1로 이루어진 디지털 세계에서 조금만 방심하면 경쟁에서 금방 밀려나게 된다.

끝까지 살아남기 위한 전략

"나는 훈련하는 1분 1초가 힘들고 싫었다. 그러나 그때마다 말했다. 포기하지 마라. 지금은 고통이지만 남은 나의 일생을 챔피언으로 살 것이다."

— 미국의 권투선수 무하마드 알리(1942~2016)

인류의 역사는 생존을 위한 경쟁과 전쟁의 기록이다. 인간은 이 세상에서 살아남기 위해 경쟁하고 이를 기록하여 다음 세대에 전해왔다. 고대 인류는 생존을 위해 동물들과 경쟁했고, 자연환경과도 경쟁했다. 이후 인류는 국가와 종교, 문화를 형성하면서 서로 경쟁하고, 전쟁도 벌였다. 전쟁은 승리를 위한 것이 아니다. 그것은 생존을 위한 것이다. 길을 가다가 갑자기 강도를 만났을 때, '강도야!'라고 소리치는 것도 생존 본능이다. 하지만 이 책에서 말하는 생존은 외부의 위협대응과 같은 물리적 생존이 아니라 경제적 생존이다. 현대인의 경제적 생존이란 먹고 사는 문제로부터 시작해서 여유로운 삶과 성공한 삶에 이르기까지 다양하다. 그러나 뷰카 시대에 사는 현대인은 그 생존마저 위협받고 있다. 혹자는 이 시대에 생존이 무슨 문제인가라고 묻겠지만, 21세기 문명의 시대에서도 인류는 여전히 많은 생존 문제와 마주하고 있다. 인간의 수명은 늘어나고 있지만 급속한 기술발전, 치열한 경쟁, 에너지 부족, 자원 고갈, 기후변화 등은 지구 전체적으로 인류의 생존을 위협하고 있다. 그러므로 현대인은 '지속가능한 생존'이 가능한가를 고민해야 한다. 1인당 국민소득은 높아지고 있지만, 현대인의 삶은 여유롭지도 행복하지도 않다. 부와 권력의 쏠림현상으로 빈부 격차는 더욱 심해지고 있다. 자본주의의 슬픔이다. 그 원인이 인간의 탐욕 때문인가? 아니면 기술의 진보 때문인가?

현대인의 지속가능한 생존을 힘들게 하는 직접적 요인들을 찾아보면 우선 직장 구하기가 어렵다. 자동화로 대체되면서 일자리가 계속 줄고 실업이 증가하고 있다. 이로 인해 경제적 안정과 사회적 안정이 위협받고 개인의 생존과 안녕을 해친다. 인플레이션과 실업은 경제학에서 거시경제의 질병으로 묘사된다. 인플레이션이란 물가상승을 의미하며, 물가상승은 모든 사람에게 그 효과가 무차별적으로 미치고 그 영향이 간접적으로 나타난다. 반면에 실업의 경우 그 영향이 직접적이며, 가정이나 개인의 삶에 미치는 영향이 매우 커서 그 실직 가정을 비극으로 몰아넣기도 한다.

한 연구 결과에 의하면 미국에서 실업률이 1%포인트 상승할 때마다 920명의 사람이 자살을 하고 650명이 살인을 저지르며 500명이 심장마비와 실업과 관련된 질병으로 사망한 것으로 나타났으며, 4,000명이 정신병원에 입원하며, 3,300명이 감옥에 들어가는 것으로 보고하고 있다. 최근 한국사회의 노숙자 증가, 이혼율 증가, 범죄증가, 자살률 증가, 아동학대 등이 결코 이와 무관하지 않다.

이처럼 실업은 국가적 경제성장의 손실뿐만 아니라 개인적인 고통을 초래한다. 실업으로 인해 가정생활이 위협받고 인간의 삶 자체가 흔들리게 됨으로써 야기되는 개인적인 고통의 문제는 통계로 측정될 수가 없다. 이런 까닭에 일찍이 경제학자 케인즈는 실업이야말로 자본주의 사회에 있어서 가장 심각한 경제문제라고 보고 실업을 줄이는 것이 바로 건전한 국민경제를 이끄는 지름길이라고 주장하였다.

일자리가 기술의 발전 속도를 따라가지 못하는 것이 실업 문제의 주요 원인 중 하나다. 산업구조 변화와 디지털 기술의 발전으로 인해 인력 수요가 감소하면서 다양한 산업 분야에서 일자리가 감소하는 추세다. 미국 국방고등연구계획국(DARPA)이 2004년에 최초의 그랜드 챌린지를 시작했을 때만 하더라도 '자율주행 자동차'라는 아이디어는 먼 미래를 그린 SF소설처럼 느껴졌다. 그러나 이미 도로 위에서 현실화되고 있다. 구글이 선정한 최고의 미래학자이자 미국 다빈치연구소 소장인 토마스 프레이는 2030년이면 일자리 20억 개가 줄어들 것으로 예측했다. 갤럽 회장을 역임한 짐 클리프턴은 앞으로 일어날 제3차 대전은 일자리 전쟁이 될 것으로 전망했다.

한국은 이미 저성장, 저소비, 저출산, 고실업, 고령사회로 전환되었으며, 이런 문제들이 불평등을 더욱 심화시키고 있다. 직장에 어렵게 취업해도 그 일자리를 유지하기는 더 어렵다. 한 조사에 따르면 대기업은 평균 48세, 중소기업은 평균 52세에 퇴직한 것으로 나타났다. 창업해도 경쟁을 버티지 못하고 마침내 문을 닫게 된다. 창업 후 5년 생존율이 절반에도 못 미치는 현실이 이를 반증한다. 그럼에도 인간의 수명은 늘고 기술은 계속 발전하며 세상의 변화는 빠르게 진행되고 있다.

그만큼 생존이 어려운 시대다. 따라서, 우리는 생존에 집중하고, '생존이 곧 성공'이라는 가치관을 중요하게 여겨야 한다. 이것은 필자의 경험에서 나온 철학이기도 하고, 필자가 책에서 일관되게 주장하는 내용이다. 캐나다 싱어송라이터이자 시인인 레너드 코헨(Leonard Cohen)은 "성공은 살아남기(Success is Survival)."라고 정의하고 있다. 이제는 '살아남기가 성공(Survival is Success).'인 시대가 되고 있다.

인간은 태어나서 죽는 순간까지 행복해질 권리가 있다. 돈과 행복은 별개의 문제이지만, 돈이 없으면 기본적인 생활 수준을 유지하기가 어렵다. 따라서, 어느 정도의 부(=돈)는 행복하기 위해서 필요하다. 돈을 탐하지 않는 사람조차도 어떤 일을 추진하기 위해서는 결국 돈이 있는 사람에게 도움을 청한다. 이것이 인간사다. 결국, 생존-살아남기는 부를 추구하는 인간의 욕망과 맞닿아 있다.

인간은 생존을 위해 움직여야 한다. 그러나 그 움직임은 직업에 따라서 다르다. 샐러리맨은 샐러리맨대로, 기업가는 기업가대로 살아가는 방식과 행동이 다르다. 그러나 공통적으로 생존을 위해 활동한다. 하지만 한때 성공한 사람과 끝까지 성공한 사람이 있고, 오랫동안 가난한 사람과 이렇다 할 배경이 없는데도 지속적으로 큰 부를 이룬 사람들이 있다. 성공과 부는 자신의 선택과 노력, 그리고 운과 환경 등 다양한 요소가 결합해서 나온 결과다. 실패 역시 마찬가지다. 이러한 결과를 자초한 사람은 그 누구도 아닌 바로 자기 자신이다.

이처럼 가난한 사람과 부유한 사람, 끝까지 살아남는 사람과 그렇지 못한 사람의 차이는 어디에서 오는 것일까? 이런 의문을 품는 것이 집필의 동기가 되었다. 정리하는 과정에서 부자와 그렇지 못한 자의 가장 큰 차이는 사고하는 방식과 마인드셋이라는 것을 알게 되었다. 부자가 부자인 데는 이유가 있다. 부자는 문제를 바라볼 때 먼저 해결책을 생각한다. 예를 들면, 두 사람이 똑같은 무게의 짐을 지고 있다고 가정할 때, 부자는 불평 대신 짐을 지는 방식을 바꿈으로써 해결책을 찾는다. 결국, 문제는 무거운 짐이 아니라 짐을 지는 방식에 있다. 따라서 짐을 지는 방식을 바꾸어야 한다. 부자들의 사고방식. 노하우, 전략, 스킬, 지혜가 모두 짐을 지는 방식을 바꾸는 전략에 해당한다.

부자와 성공한 사람들의 명언에서 찾을 수 있듯이 그들은

'포기'라는 부정적인 단어를 사용하지 않는다. 대부분 실패와 어려움을 겪었지만, 절대 포기하지 않았다. 한결같이 긍정적으로 생각하고 세상 돌아가는 이치를 알고 대응하였으며 실패를 배움의 기회로 삼았다. 성공과 부는 특정인의 전유물이 아니다, 누구나 노력하고 배우면 얻을 수 있는 공유물이다. 그러므로 배워가며 도전해야 한다.

지금까지 필자가 주장한 '끝까지 살아남기 위한 대응과 전략'에 관한 핵심내용을 정리하면 다음과 같다.

첫째, 직업을 선택할 때

1) 자기 고유의 일을 가져야 한다. 창업이 가장 좋은 대안이다.
2) 기술능력을 보유하고 있어야 한다. 전문자격증을 취득하는 것이 좋은 예다.
3) 물건을 파는 힘을 길러야 한다. 파는 능력이 있으면 어디서든 환영한다.
4) 사람을 교육하는 힘을 갖고 있어야 한다. 어떤 환경이 와도 배움은 절대 필요하다.

이 네 가지 중 적어도 하나를 가지고 있어야만 어디서든 끝까지 살아남을 수가 있다.

둘째, 마인드셋으로는

1) 목표, 2) 끈기, 3) 긍정적 사고, 4) 실패로부터의 배움이다.

이러한 마인드셋의 소유자가 부자와 성공한 사람에게서 나타난 공통된 특징이며, 그 유무가 성공과 실패를 결정한다.

셋째, 생존의 방정식은

'생각' × '습관' × '자원과 역량'이다.

남과 다르게 생각하는 차이. 좋은 습관을 갖기 위해 노력하는 차이, 자신이 가지고 있는 유무형의 자원을 효과적으로 활용하고 확장하는 역량의 차이가 지속적인 생존을 보장한다.

〔그림 18〕 생존의 방정식

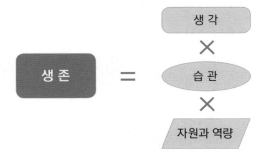

넷째, 부를 쌓는 방법은

  1) 복리를 이용한 투자로,

  2) 불황을 기회로,

  3) 관점은 다르게,

  4) 행동은 민첩하게 하는 것이다.

마지막으로 전략이다. 전략은 성과를 만드는 공식이다. 이 책을 읽은 독자 모두가 끝까지 살아남기를 바라는 마음으로 뷰카 시대의 '끝살(끝까지 살아남기 약칭)'을 위한 전략을 다음 10가지로 요약하며 글을 맺는다.

  1) '관찰-혁신-행동'하라. 이것이 성공으로 가는 비결이다.

  2) '경제적 사고와 기업가적 사고를 가져라.' 그러면 경제적 자유와 부를 얻을 것이다.

  3) '새의 눈-곤충의 눈-물고기 눈을 가져라.' 살아남는 방식을 알게 될 것이다.

  4) '역경에서 견뎌라.' 자신의 인생에서 가장 크게 성장할 것이다.

  5) '배워라.' 배움은 생존을 위한 도구다.

  6) '미래를 현재로 가져와라.' 남보다 앞서는 길이 될 것이다.

7) '열심히 일하라.' 기회가 주어질 것이다.

8) '실패해도 절대 포기하지 마라.' 성공의 이유가 될 것이다.

9) '다르게 보아라.' 문제가 해결될 것이다.

10) '끈기를 가져라.' 마침내 살아남을 것이다.

최길현

논문

- 「은행대출의 효율적 공급을 위한 신용보증제도의 유용성 분석」
- 「회계 및 비회계 정보를 이용한 중소기업의 도산예측 모델」
- 「Keynes and Friedman on the Credit Market」
- 「중앙은행의 화폐주조이득에 관한 연구」
- 「금융기관의 기업대출 변동에 관한 이론적 고찰」
- 「신용조사에 있어서 비계수적 요인의 중요성과 그 접근방법」
- 「한국경제의 오늘과 내일」
- 「중소기업정책과 정부의 역할」
- 「중소기업금융과 신용보증제도에 관한 소고」
- 「경쟁체제하의 신용보증제도 활성화 방안」
- 「금융자율화와 중소기업금융」
- 「신용보증사고의 실태분석과 사고예방대책」
- 「산업구조변동과 중소기업의 대응」
- 「대만의 중소기업과 신용보증제도」
- 「신용보증의 역할과 운영방향에 관한 고찰」
- 「신용보증의 운용배수에 관한 고찰」
- 「부분보증제도의 실시와 그 영향」
- 「국내은행의 대출행태변화와 신용보증기관의 대응책」
- 「부실기업의 판별요령」
- 「상호신용금고의 여신업무 활성화 방안」
- 「상호신용금고의 중소기업 여신심사시 유의점」
- 「은행중심 시스템하의 안정적 중소기업금융 구축방안」
- 「국내은행의 중소기업대출 공급에 관한 연구」
- 「신용보증의 개편방안과 금융시스템에 관한 고찰」
- 「NPM방식을 활용한 지역특화금융 활성화 방안」
- 「소상공인과 중소기업 판로확대를 위한 T-커머스 시장진입 방안」

수행용역

- 「부패방지경영시스템(ISO37001) 인증 취득을 위한 인증 컨설팅 용역」(서울시 강남구도시관리공단)
- 「서울형 R&D 지원사업 성과조사 분석 용역」(서울경제진흥원)
- 「홍천양수발전소 주변지역지원 장기계획수립 용역」(강원도 홍천군)
- 「ESG 경영전략 및 로드맵 수립 연구용역」(광주도시관리공사)
- 「제주관광진흥기금 운용 내실화 방안」(제주특별자치도)
- 「백두대간 휴양관광벨트 기본구상 및 타당성 조사연구」(국토교통부)
- 「산업부문 B2B네트워크 구축 지원사업」(산업통상자원부)
- 「충북 성장촉진권역 연계협력형 지역계획 수립」(충청북도)
- 「울산권 광역철도 확충방안 연구용역」(울산광역시)
- 「인천글로벌캠퍼스 2단계 조성사업 예비타당성 사전조사 용역」(인천광역시 경제자유구역청)
- 「관악구시설관리공단 조직진단 용역」(서울특별시 관악구)
- 「DMZ 생태평화 관광활성화 종합계획수립 연구용역」(경기도 김포시)
- 「북한강 수변 관광특구 진흥계획수립 공동 연구용역」(경기도 가평군)
- 「은행 공동 중소기업신용평가표 개발」(한국은행/전국은행연합회)
- 「신사업 발굴 및 경영전략 수립 컨설팅」(한국사회적기업진흥원)
- 「기상산업 클러스터 구축을 위한 기획연구」(한국기상산업기술원)
- 「대한민국 테마여행 10선, 선비이야기 여행관광사업체 역량강화 컨설팅」(문경문화관광재단)
- 「한의약 산업화인력 양성교육사업 용역」(한국한의약진흥원)
- 「(재)한국학호남진흥원 중장기발전계획 연구용역」(한국학호남진흥원)

이종건

논문

- 「Promoting Green Performance through Green Human Resource Practices and Green Servant Leadership (SSCI)」
- 「The Effects of LMX and Perceived Fit on Employees' Negative Word-of-Mouth: The Role of Corporate Citizenship and Organization-Based Self-Esteem (SSCI)」
- 「Stimulation of Employees' Green Creativity through Green Transformational Leadership and Management Initiatives (SSCI)」
- 「The Effects of Family-Friendly Practices and Gender Discrimination on Job Attitudes: The Moderating Role of Supervisor Support (SSCI)」
- 「The Effects of Slack Resources on Firm Performance and Innovation in the Korean Pharmaceutical Industry (SSCI)」
- 「The Effect of International HRM Systems on Korean MNC Subsidiary Performance (SSCI)」
- 「창업기회의 유형에 관한 개념적 연구」
- 「자기효능감과 기업성과: 창업지향성과 창업경험의 역할」
- 「디지털 시대의 e협상: 협상매체에 따른 협상전략과 협상성과에 관한 비교연구」
- 「협상자 개인 특성과 협상성과: 협상자의 역할을 고려한 실증연구」
- 「다양성과 팀 성과: 팀 목표의존의 조절효과」
- 「다양성이 프로젝트 팀의 성과에 미치는 영향」
- 「윤리적 리더십이 직무만족에 미치는 영향: 종업원 참여의 매개역할」
- 「LMX가 직무만족에 미치는 영향: 종업원 교육훈련의 조절역할 및 업무몰입의 매개역할」
- 「주도적 사회화 행동과 직무만족: 사회적 자본의 매개역할」
- 「근로자대표기구를 통한 참여의식과 일자리의 숙련기술적합도 및 만족도 사이의 종단적 관계」

끝까지 살아남기 2

펴 낸 날 2023년 9월 22일

지 은 이 최길현, 이종건
펴 낸 이 이기성
편집팀장 이윤숙
기획편집 윤가영, 이지희, 서해주
표지디자인 이윤숙
책임마케팅 강보현, 김성욱
펴 낸 곳 도서출판 생각나눔
출판등록 제 2018-000288호
주   소 경기도 고양시 덕양구 청초로 66 덕은리버워크 B동 1708, 1709호
전   화 02-325-5100
팩   스 02-325-5101
홈페이지 www.생각의뜰.kr
이 메 일 bookmain@think-book.com

• 책값은 표지 뒷면에 표기되어있습니다.
  ISBN 979-11-7048-601-5 (03190)